AI와 위험 사회

AI문고

인공지능 시대입니다. 기계가 인간의 인지를 대신하고, 사물이 인간을 통하지 않고 다른 사물과 직접 커뮤니케이션합니다. 이에 따른 인간 삶과 문명 변화를 정확히 이해·예측·대응하는 것은 이 시대 우리 모두의 과제입니다. AI문고는 인공지능 기술과 환경의 여러 주제를 10가지 키워드로 정리합니다. 관련 개념과 이론, 학계와 산업계의 쟁점, 우리 일상의 변화를 다룹니다. 인간과 기술의 현재, 미래를 세심히 분석합니다.

일러두기

- 인명, 작품명, 저서명, 개념어 등은 한글과 함께 괄호 안에 해당 국가의 원어를 병기했습니다.
- 외래어 표기는 현행 어문규정의 외래어표기법을 따랐습니다. 다만 '딥러닝', '딥마인드', '딥페이크' 등은 관행을 따랐습니다.

처음이세요?

전문가세요?

AI와 위험 사회

유재흥

대한민국, 서울, 커뮤니케이션북스, 2025

AI와 위험 사회

지은이 유재홍
펴낸이 박영률

초판 1쇄 펴낸날 2025년 1월 28일

커뮤니케이션북스(주)
출판 등록 2007년 8월 17일 제313-2007-000166호
02880 서울시 성북구 성북로 5-11
전화(02) 7474 001, 팩스(02) 736 5047
commbooks@commbooks.com
www.commbooks.com

ISBN 979-11-7307-365-6 03500

책값은 뒤표지에 표시되어 있습니다.

차례

안전한 인공지능 공존 사회를 위해

인공지능이 세상을 집어삼키고 있다. 글로벌 빅 테크 기업들이 연일 새로운 인공지능 기술을 선보이며 무서운 속도로 경쟁하고 있다. 오픈AI가 쏘아 올린 생성 AI 기술은 그 선두에 있다. 여전히 부정확하고 미숙한 성능에도 불과하고 기존의 인공지능에 대해 시장의 재평가를 이끌어내고 있다. 창업 10년도 되지 않은 스타트업 오픈AI의 시장 가치는 100조 원을 넘어섰고, 인공지능 경쟁에 뒤처지지 않으려는 기업들이 대규모 컴퓨팅 설비에 투자하면서 핵심 그래픽 처리 장치를 공급하는 엔비디아의 시장 가치가 구글, 아마존, 마이크로소프트(Microsoft)를 제치고 1위를 기록하기도 했다.

인공지능은 이 순간에도 발전을 거듭하고 있다. 지능을 테스트하는 각종 평가 지표에서 인간 수준을 넘어섰고, 대학 입학시험, 변호사, 의사 자격시험에서도 합격점을 훨씬 뛰어넘으며 전문가의 영역에서도 역량을 입증해 가고 있다. 이제 단순히 텍스트를 처리하는 것을 넘어 음성, 이미지, 영상을 입력으로 받고 출력으로 돌려준다. 질의응답, 번역, 시나리오 작성, 작시 등 문자로 할 수 있는 대부분을 높은 수준으로 처리하고, 음악, 그림을 전문가 수준으로 창작해 준다. 1990년대의 인터넷 혁명, 2000년대의 모바일 혁명에 이어 2020년대를 인공지능 혁명의 시대로 이끌고 있다.

하지만 사람들은 점차 인공지능의 놀라운 혁신과 발전의 한쪽 면에 드리운 그림자에 주목하기 시작했다. 인공지능을 평생 연구해 온 제프리 힌턴이나 요슈아 벤지오 같은 전문가조차 급속도로 진화하는 인공지능에 대한 우려를 표명하고 있다. 놀라운 성능을 가능케 하는 내부의 작동 방식을 완벽히 이해하기 어려운 현재 수준에서 인공지능의 통제 가능성과 인공지능을 나쁜 목적으로 이용할 경우 인류에 커다란 위협이 될 수 있음을 경고하고 있다.

현대 문명은 산업 혁명, 기계 혁명, 디지털 혁명을 거치며 진보된 기술 위에 건설되었다. 독일의 사회학자 울리히 베크는 혁명적이지만 불완전한 기술 위에 구축해 온 현대 사회를 위험 사회라 일컬었다. 즉, 현대 사회의 지속적 번영은 혁신적 신기술의 위험 관리와 안정화에 달려 있다. 이제 인공지능 기술이 인류 사회의 새로운 도약을 위한 발판을 마련하고 있다. 하지만 초기 혁신 기술이 그러하듯 여기저기 불완전함과 위험 요소를 가지고 있다. 대표적으로 생성 AI의 환각 증상은 정보의 신뢰성을 떨어뜨려 의료, 금융, 교육, 국방 등 사회 기반 산업에 적용을 망설이게 만드는 원인이 된다. 반면에 인공지능은 인간의 오랜 숙제를 풀어내고 있다. 50년 난제로 여겼던 단백질의 3차원 구조를 예측해 생성하는 인공지능, 알파폴드를 개발한 구글 딥마인드의 CEO 데미스 허사비스와 핵심 과학자 존 점퍼는 그 성과를 인정받아 2024년 노벨 화학상을 수상했다. 함께 노벨 화학상을 받은 워싱턴대학 교수 데이비드 베이커 역시 로제타폴드라는 단백질 구조 예측 인공지능을 개발한 공로를 인정받았다. 문서 작성의 생산성뿐만 아니라 음악, 예술 작품의 생성 수준은 결과물 자체가 거래의 대상이 될 정도로 높아졌다. 하지만 이러한 역량이 어떻게 발현되는지 그 작동 방식의 비밀은 여전히 풀리지 않고 있다. 블랙박스로 여겨지는 인공지능의 작동 방식은 결과물을 어떻게 얻게 되는지, 반대로 왜 원하는 결과물을 얻을 수 없는지에 대한 답을 주지 못한다. 인공지능을 통해 수익성 높은 투자 포트폴리오를 구성하거나 최적의 보험 상품을 개발해 고객에게 제공한다고 하더라도 고객에게 왜 이 상품이 최고인지 설명할 수 없다면 무용지물이다. 손실이 날 경우 책임을 피할 수 없기 때문이다. 마찬가지 이유로 아무리 정확하게 진단하고, 질병을 예측하고, 치료 방법을 추천한다고 하더라도 그 이유를 설명하지 못하면 여전히 보조 도구로 머물 수밖에 없다.

일부에서는 인공지능의 높은 역량을 화생방 무기를 제작하거나, 사이버 범죄에 악용할 것을 우려하고 있다. 가짜 정보를 제작 유통해 사회를 어지럽히고, 대규모 살상 무기에 적용하며, 사회 기간 시설에 치명적 오류를 일으킬 것을 우려한다. 이러한 점에서 핵무기만큼의 관리가 필요하다고 주장한다. 인공지능은 인터넷과 같이 전세계에 걸쳐 작동하므로 치명적 오류의 파급 효과가 인류 사회에 미치는 영향이 막대할 것이라는 이유 때문이다.

글로벌 사회는 인공지능의 이중적 활용으로 인한 위험성에 공감하고 있다. 인공지능은 불, 자동차, 핵과 같이 인류에게 선물이 될 수도 있고, 반대로 생명을 앗아가는 치명적 무기도 될 수 있다. 인공지능을 개발하는 기업들과 시민 사회, 그리고 글로벌 국가들이 안전하고 믿을 수 있는 인공지능의 개발과 보급이 인류의 지속 가능한 발전의 원동력이 된다는 사실에 뜻을 같이 모으고 있다. 이제 인공지능의 무궁한 잠재력이 인류 사회의 횃불이 될 수 있도록 예상되는 위험원을 제거하고 통제 관리하기 위해 협력을 약속하고 있다.

기술의 발전은 곧 안전의 역사다. 1826년 영국에서 최초의 자동차가 등장했을 때 사람들은 말보다 느린 자동차를 보고 불필요하다고 생각했다. 속도가 빨라지자 1865년 적기 조례라는 법을 만들어 시가지에서의 속도를 사람 걸음 수준으로 제한하고 자동차 앞에서 낮에는 빨간 깃발, 밤에는 붉은 등을 들어 다가오는 다른 기수나 말에게 위험하다는 표시를 하게 했다. 자동차가 늘어나고 속도도 빨라지자 신호 체계를 만들고, 거리에는 가드레일을 설치하기 시작했다. 자동차 면허 제도가 생기고, 안전벨트 착용과 보험 가입이 의무화되며 지금의 교통 혁명에 이르렀다.

사람의 생명에 위협이 되는 기술은 성장에 한계가 있다. 혁신적 기술은 끊임없이 안전을 입증해 나갔다. 전기, 핵, 항공기 등 인류 사회의 기반이 되는 핵심 시설들은 특별히 국가적 차원을 넘어 국제 사회의 높은 눈높이에 맞는 안전 수준을 확보해야 했다. 이제 인공지능은 세계가 함께 관심을 가지고 발전시켜야 할 이 시대의 기술로 자리매김하고 있다. 인간의 능력을 초월한 인공지능에 대한 막연한 두려움 대신 위험을 줄이는 기술 개발,

위험을 예방하고 사후 조치를 확실히 하는 제도가 뒷받침될 때 인간과 인공지능이 안전하게 공존하며 인공지능의 효익을 향유하는 풍요로운 사회를 만들 수 있다.

이 책은 인류에게 장밋빛 미래를 보여 줄 것으로 기대받고 있는 인공지능의 잠재적 위험성을 다양한 측면에서 살펴보고자 했다. 인공지능의 기술적 한계에서 오는 위험뿐만 아니라 그것의 오용과 부작용에서 오는 사회적 문제에 대해서도 살펴보았다. 그리고 이러한 위험에 대응하는 국제 사회의 움직임에 대해서도 언급했다. 세부적으로 다음의 10개 주제로 구성되어 있다.

1장에서는 21세기 프로메테우스의 불이라 일컬어지는 인공지능 기술의 부상에 대해서 다루고 있다. 인공지능 기술이 세계 경제 수준을 한 단계 도약시키고, 제4차 산업 혁명으로 가는 기반이 될 것을 예견하고 있다. 시장 전망 보고서들은 약간의 차이는 있으나 한결같이 모두 우상향하는 그래프를 그리며 장밋빛 전망을 제시하고 있다. 실제로 인공지능 기술은 최근 10여 년간 놀라운 속도로 기술적 진보를 이루며 이전에는 기대할 수 없었던 작업들을 매우 높은 수준으로 해내고 있다. 더욱이 글로벌 빅 테크 기업들이 앞다투어 인공지능 경쟁에 합류하면서 기술은 더욱 비약적으로 발전하고 있다. 저성장의 늪에 빠져 있는 세계 경제의 빛으로 떠오른 인공지능을 조망해 본다.

2장에서는 지금의 인공지능의 서막을 열었다고 평가되는 구글 딥마인드의 알파고(AlphaGo)가 준 충격을 다룬다. 알파고는 바둑이라는 게임에 한정된 인공지능이지만, 딥러닝 기술이 다양한 영역에서 적용될 수 있는 가능성을 증명했다. 대규모 컴퓨팅 자원을 활용해 성능을 높이고, 많은 데이터를 학습했을 때 성과가 어떻게 높아질 수 있는지, 100년 안에는 결코 인공지능이 인간을 이길 수 없다는 믿음을 무참히 깨뜨린 알파고의 등장과 그 의미를 되돌아보았다.

3장에서는 인공지능이 어떻게 실존적 위험이 될 수 있는지 전장의 최전방에서 활약하는 무인 전투기들을 살펴보았다. 생과 사가 갈리는 전쟁터에서 높은 정밀도를 가지고 적군을 공격하고, 아군의 피해를 최소화하는 무인기를 사용하지 않을 수 있을까? 인공지능의 잠재적 위험과 오류의 가능성이 있다고 해서 그것의 높은 효용을 포기할 수 있을까? 국가 간 경쟁에서 인공지능이 패권을 가져다줄 수 있다면, 잠재적 위험에도 불구하고 그것을 개발하고 사용할 수밖에 없는 딜레마를 살펴본다.

4장에서는 인공지능 시장의 주도권을 쥐기 위한 글로

벌 빅 테크 기업들의 경쟁을 살펴본다. 경쟁은 분명 실력을 상향 평준화하는 긍정적 효과가 있지만 때론 엄청난 자원의 소모전으로 끝난다. 기업들은 승자가 독식하는 플랫폼 경제에서 최후의 승자가 되기 위해 머니 게임을 벌이고 있다. 그 결과 독과점에 기술 종속, 이용자 부담, 그리고 최고의 기술을 갖지 못한 선도 국가와 그렇지 못한 대다수의 국가 간의 AI 격차는 새로운 사회적 문제를 일으킨다.

5장에서는 챗GPT가 등장한 지 3개월 만에 인공지능 연구의 선구자들을 포함한 1000여 명의 업계 전문가들이 동참해 인공지능 개발을 잠시 중단하자고 발표한 사건을 살펴본다. 거대 기업들이 앞다투어 인공지능 개발에 뛰어들면서 인공지능의 성능은 높아지지만 그 성능 이면에 있는 잠재적인 위험성도 함께 높아질 것을 우려한 것에서 비롯한 일이다. 글로벌 사회에 인공지능의 잠재적 위험성을 알린 사건을 통해 인공지능의 숨은 위험을 살펴본다.

6장에서는 하드웨어와 결합하기 시작하는 인공지능을 살펴본다. 인공지능을 온라인상에서만 이용한다면 물리적 손상, 신체적 피해를 최소화할 수 있다. 하지만 스마트 기기의 형태로 나아가 다양한 가전, 그리고 인간의 신체를 모방한 휴머노이드에까지 탑재되고 있는 현재의 트렌드를 볼 때 인공지능의 오류가 인간의 신체와 생명에 위해를 줄 수 있는 가능성이 커지고 있음을 살펴보고자 한다.

7장에서는 전 세계적으로 논란이 되고 있는 딥페이크 문제를 다룬다. 딥페이크는 생성 AI 기술이 정교해지고 사용하기가 쉬워지면서 급속도로 확산하고 있다. 딥페이크 기술을 악용하는 사람들이 늘어나면서 정치인이나 연예인과 같은 유명 인사 관련 허위 정보가 유포되고, 청소년들을 중심으로 한 딥페이크 음란물 제작과 공유가 사회 문제로 불거지고 있다. 인공지능의 악용 가능성과 그것이 만들어 내는 사회적 피해를 딥페이크 문제를 통해 들여다본다.

8장에서는 인공지능에 대한 무비판적, 관성적 수용이 만들어 내는 문제를 살펴본다. 즉, 부정확한 정보와 환각 이슈를 해결하지 못한 인공지능이 제공하는 정보를 무분별하게 받아들였을 때 그것이 지식으로 남고, 믿음으로 굳어지며, 의사 결정과 가치관에 영향을 줄 수 있음을 지적했다. 특히 인공지능과 상호 작용 과정에서 형성되는 애착이 이러한 잘못된 정보를 무비판적으로 받아들여 심리 조작, 잘못된 의사 결정으로 유도할 수 있는 위험에 대해 소개한다.

9장에서는 인공지능의 자양분이 되는 데이터 수집을 위해 우리 주변 도처에 정보 수집원이 존재하는 감시 사회의 어두운 단면을 소개한다. 스마트폰, 소셜 미디어, CCTV, 가정용 로봇에 이르기까지 인간 생활에 편의와 즐거움을 주는 모든 커넥티드 디바이스들이 한편으로 개인의 일거수일투족에서 정보를 수집하는 감시자의 역할을 하고 있음을 설명한다. 개인 정보가 사용자의 동의 없이 무단 수집되거나 인공지능 학습에 활용되는 과정에서 유출될 수 있는 위험은 개인의 프라이버시를 더욱 위협한다.

마지막 10장에서는 인공지능의 위험에 대해 본격적으로 논의하고 협력을 약속하는 글로벌 사회의 움직임에 대해 살펴본다. 2023년 11월 영국 블레츨리 파크(Bletchley Park)에서 열린 AI 안전 정상 회의의 의의와 후속 회의로서 2024년 5월 서울에서 개최된 AI 서울 정상 회의의 주요 논의를 살펴본다. 국제 사회가 인공지능을 핵과 비교할 만큼 인류 실존 위협으로 인식하고 있는 현실을 보며 개인, 기업, 국가, 그리고 국제 사회가 함께 안전한 AI의 개발과 사용을 위해 협력할 필요가 있음을 살펴본다.

오직 위험이 통제된 기술만이 현대 문명의 밑거름이

되었다. 안전하고 풍요로운 인공지능 공존 사회는 알려진 그리고 아직 모르는 위험의 통제와 관리에 달렸다.

01
AI, 21세기 프로메테우스의 불

불은 인간에게 축복인가? 재앙인가?
어둠으로부터 인간을 해방한 지혜에도
비견되는 프로메테우스의 불, 하지만 그것을
어떻게 이용하느냐에 따라 삶의 터전을 휩쓰는
화마가 되기도, 전쟁터의 화염이 되기도 한다.
21세기 프로메테우스의 불이라는 인공지능
역시 근본적으로 도구의 이중성을 가지고 있다.

AI와 1인 창업?

눈부시게 떠오르는 인공지능

인공지능은 21세기의 불에 비유된다. 인간을 어둠과 무지로부터 구해 준 프로메테우스의 불이다. 인공지능은 인간의 지능 수준을 넘어서고 있다. 2022년 11월에 소개된 챗GPT는 2024년 현재 진화에 진화를 거듭해, 작문, 번역, 그림 그리기, 심지어 변호사 시험, 의사 자격시험 등 전문적 영역에서까지 인간 수준을 넘어서고 있다.

나날이 기술적으로 발전하는 인공지능은 제4차 산업혁명을 진정으로 견인할 핵심 기술로 자리매김하고 있고, 특히 최근 주목을 받는 생성 AI 기술은 글로벌 경영 컨설팅 기업 매킨지에 따르면 연간 최대 4조 달러의 부가 가치를 창출할 것으로 예상한다(McKinsey, 2023). 글로벌 IT 시장 조사 업체 IDC에 따르면 2028년 인공지능 시장은 6320억 달러 규모, 2024년부터 5년간 연평균 29%의 성장률로 커질 것으로 전망된다(IDC, 2024). 소위 매그니피센트 7이라 불리는 애플, 마이크로소프트, 구글(알파벳), 메타, 아마존, 엔비디아, 그리고 xAI라는 AI 전문 기업을 세우며 시장에 뛰어든 테슬라까지 미국의 빅 테크들이 이 AI 경쟁에 뛰어들고 있다.

실제로 이들과 AI 스타트업들이 앞다투어 내놓고 있는 생성 AI 기술이 일상 곳곳에 스며들고 있다. 당장 서

점의 챗GPT 관련 책만 해도 수십 종에 달하고 있다. 오픈AI의 챗GPT를 비롯해, 구글 제미나이, 네이버 클로바X, 앤트로픽 클로드, 퍼플렉시티AI의 퍼플렉시티 등 생성 AI 모델 기반의 챗봇들이 다양하게 쓰이고 있다. 이 중 챗GPT가 전체의 60% 이상의 시장을 차지하고 있으며 가입자가 약 2억 명에 가깝다. 2024년 2월 오픈AI의 시장 가치는 100조 원을 넘어섰다.

오픈AI가 스타 기업으로 떠오르기 전 2019년 1조 원 이상의 투자를 하며 사실상 오픈AI의 산파 역할을 했던 마이크로소프트는 자사 제품에 생성 AI 기능들을 전략적으로 통합해 나가고 있다. 구글 크롬이 60% 이상을 점유하고 있는 웹 브라우저 시장에서 점유율 5%로 내외로 명맥을 유지하고 있는 마이크로소프트의 엣지 브라우저에 '프로메테우스'로 명명한 독자 생성 AI 기술을 결합해 단순히 키워드 검색에서 질의 응답형 검색으로 패러다임을 바꿔 가고 있다. 구글도 빠르게 대응해 검색에 제미나이를 결합해 생성 AI가 제안하는 콘텐츠와 기존 검색 엔진이 찾아낸 검색 결과를 함께 보여 주어 생성 AI로 인한 새로운 경험을 제공하고 있다. 결과적으로 구글의 빠른 대응으로 웹 브라우저 시장 점유율은 지난 2년간 크게 달라지지 않았다.

하지만 마이크로소프트는 윈도우 운영 체제, 오피스 프로그램과 같은 생산성 프로그램에 '코파일럿'이라는 이름의 생성 AI 기능을 결합해 시장에 출시하기 시작했다. '프롬프트(Prompt)'라 부르는 텍스트 입력을 주면, 엑셀 프로그램은 즉각적으로 분석을 수행하고 적절한 도표를 그려 준다. 발표 자료를 만들기 위해 대략적인 주제와 줄거리 흐름을 프롬프트로 작성하면 자동으로 여러 장의 PPT 슬라이드가 생성된다. 업무용 메일 초안 작성, 논설문, 설명문 작성에서부터 연극 시나리오, 동화, 신제품의 마케팅 문구까지 척척 만들어 준다. 논문의 초록은 물론, 꼼꼼한 검증이 필요하긴 하지만 목차에 적절한 내용을 간략히 입력해 주면, 원하는 언어로 논문 초안도 완성해 준다.

최근의 인공지능은 텍스트를 입력하면 텍스트를 출력하는 언어 중심 모델(LLM)에서 음성, 이미지 등 다양한 형태의 입력을 바탕으로 다양한 형태의 출력을 내놓는 '멀티 모달 모델(Multi-modal model)'로 진화하고 있다. 오픈AI는 2024년 2월 일본어로 하늘을 뜻하는 이미지 생성 모델 '소라(Sora)'를 공개했는데 소라는 사용자가 텍스트로 원하는 형태의 영상을 입력하면 고화질로 영상을 생성한다. 생성된 영상은 광고, 짧은 애니메이션, 단편 영화로 작성할 수 있을 정도로 품질 측면에서 가능성을 보여 주었다. 음악을 전문적으로 만들어 주는 우디오, 수노AI, PPT만 전문적으로 생성하는 감마AI, 대화형 가상 캐릭터를 전문적으로 만드는 캐릭터AI 등 수많은 생성 AI 서비스들이 시장에 소개되고 있다.

다양한 산업에서 생성 AI의 접목을 시도하는 사례들도 나타나고 있다. 고객 응대가 빈번한 금융권이나 통신산업에서는 기존의 콜센터를 대체할 수 있는 수단으로 생성 AI 챗봇 활용을 검토하고 있다. 우리나라 몇몇 지자체에서는 네이버의 대화형 인공지능 서비스인 '케어콜'을 시범 도입해 관리가 필요한 독거노인을 대상으로 안부 전화를 주고받는다. 인공지능은 독거노인의 건강 상태를 살피거나 외로움을 달래 줄 말 상대로서 위화감이 들지 않을 정도로 자연스러운 대화로 전화한다. 전화를 받은 독거노인의 만족도도 90% 이상으로 우리나라 시군구 절반 이상이 도입할 만큼 효용성이 검증되고 있다(전미준, 2024).

오픈AI에 따르면 포춘 500대 기업의 92%가 챗GPT를 도입해 사용하고 있다(Hu, & Chmielewski, 2024). 자금력을 갖춘 기업들은 인공지능의 무한한 잠재력을 실현하기 위해 대규모 투자를 단행하고 있다. 2023년 기준

정부와 민간에서 AI에 투자한 규모는 총 1419억 달러로 추정되는데 이는 2015년 329억 달러에서 4.3배 성장한 수치다. 빅 테크 간의 인공지능 기술 경쟁은 더 많은 데이터, 더 큰 컴퓨팅 인프라로, 더 많은 연산과 학습을 통한 인공지능 모델의 성능 경쟁으로 발전하고 있다. 이러한 인공지능의 붐에 힘입어 핵심 컴퓨팅 장치를 공급하는 엔비디아는 지난 2024년 6월 처음으로 마이크로소프트, 애플, 아마존을 제치고 글로벌 시가 총액 1위를 기록한 바 있다. 글로벌 빅 테크들은 지속적으로 자체 데이터 센터를 확장해 가면서 컴퓨팅 인프라 투자를 늘려 가고 있다. 일례로, 마이크로소프트와 오픈AI는 2028년까지 범용 인공지능 개발을 위해 6년간 1000억 달러를 투자해 초대형 데이터 센터를 구축하는 '스타게이트' 프로젝트를 추진하고 있다(Gordon, 2024).

성화(聖火)와 화마(火魔)

비약적으로 발전한 인공지능 기술은 마치 인간을 제4차 산업 혁명의 시대로 이끄는 새로운 불과 같이 여겨지고 있다. 신들의 능력 중에서도 불은 가장 신적인 요소로서 생명과 시작을 의미한다. 그리하여 불은 프로메테우스가 훔치기 전까지 인간에게 허락되지 않았다. 챗GPT는 등장한 지 불과 2년 만에 인간의 지식과 창작의 수준을 넘어서는 기술로 발전하고 있다.

오늘날에도 올림픽이 열리기 전 그리스 올림포스에서는 성화 채화 의식이 수행된다. 고대 여사제 옷을 입은 여성 채화자들은 거울과 태양열을 이용해 성스러운 불을 얻어 개최지까지 전달하며, 올림픽 기간 동안 성화는 계속 타오른다. 그러나 불은 어둠 속에 헤매던 인간에게 빛을 선사했지만, 순식간에 화마로 변해 인간의 소유와 삶의 터전, 그리고 생명까지 모든 것을 앗아 가기도 한다.

최근 인공지능의 부상과 함께 인공지능의 잠재적 위험에 대한 우려도 커지고 있다. 확률적 추정에 기반한 인공지능 모델은 산출 결과에 부정확한 정보가 포함된 환각(hallucination) 증상을 보인다. 거짓과 엉뚱한 정보가 포함된 인공지능 산출물을 그대로 믿고 적용할 시 낭패를 볼 수 있다. 정교한 이미지를 생성하는 인공지능 때문에 딥페이크 사진, 영상, 음성 정보가 급증하고 있다. 유명인의 딥페이크는 거짓 정보와 결합해 사회적 혼란을 일으킨다. 방대한 지식을 학습한 인공지능을 활용해 불법적인 화생방 무기를 만들거나, 악성 코드 제작을 쉽게 해 광범위한 물리적 피해로 연결될 우려를 낳기도 한다.

편향된 데이터로 학습한 산출물은 이용자들이 의식하지 못한 채 가치관에 영향을 미친다. 인공지능이 심각한 고민거리를 쏟아 놓은 이용자에게 자살을 조언하기도 하는 등 인공지능의 그럴싸한 논리에 설득되어 엉뚱한 의사 결정을 하기도 한다.

이에 인공지능이 인류의 생존을 위협할 수 있는 심각한 위협으로 재조명받고 있으며, 이에 대한 대응책 마련을 촉구하는 목소리가 전 세계에 확산되고 있다. 인공지능은 도구로서 이중성을 갖는다. 유용하게 쓰면 한없이 생산성이 좋은 도구지만, 악용하거나 오용하면 또는 기술 자체에 결함이 있다면 인간의 신체, 생명에 위협은 물론, 정신적, 경제적으로 커다란 피해를 유발할 수 있는 위험한 무기가 될 수 있다. 인공지능이 산업을 한층 도약시킬 수 있는 비밀 병기이면서 동시에 지금의 위험 사회를 더욱 복잡하고 위태하게 만들 수 있다는 점을 인식할 필요가 있다.

참고문헌

전미준(2024.9.5). 인공지능 클로바 케어콜, 전국 시군구 절반 이상 도입... "독거 어르신 안전 책임진다". 인공지능 신문, https://www.aitimes.kr/news/articleView.html?idxno=32133

Cindy Gordon(2024.4.2), Microsoft and OpenAI partner on $100 billion U.S. data center, report says. *Forbes*, https://www.forbes.com/sites/cindygordon/2024/03/31/microsoft-and-openai-partnering-on-stargate-a-100b-us-data-center/

Hu, K. & Chmielewski, D.(2024.4.13). Exclusive: OpenAI's Altman pitches ChatGPT enterprise to large firms, including some Microsoft customers. *Reuters*. https://www.reuters.com/technology/openais-altman-pitches-chatgpt-enterprise-large-firms-including-some-microsoft-2024-04-12/

IDC(2024.8.19). Worldwide spending on artificial intelligence forecast to reach $632 billion in 2028, according to a new IDC spending guide. https://www.idc.com/getdoc.jsp?containerId=prUS52530724

Mckinsey(2023.6.14). The economic potential of generative AI: The next productivity frontier. https://www.mckinsey.com/capabilities/mckinsey-digital/our-insights/the-economic-potential-of-generative-ai-the-next-productivity-frontier

02
알파고가 열었던 문

2016년 알파고와 이세돌의 역사적 대결이 열렸고, 바둑의 세계 챔피언이 인공지능 앞에 무너지며 씁쓸한 미소를 보였다. 알파고가 보여 준 미래의 문틈으로 유토피아인지 디스토피아인지 마치 개와 늑대의 시간 같은 미래의 모습이 비쳤다.

AI와 MBTI?

바둑을 정복한 알파고

2016년 3월은 인공지능이란 단어가 부활한 날이다. 구글 딥마인드가 개발한 바둑 게임 전문 인공지능 알파고와 바둑 세계 챔피언 이세돌 9단의 대전이 서울 광화문 포시즌스 호텔에서 3월 9일부터 15일까지 열렸다. 하루에 한 번씩 총 다섯 번의 대국이 치러졌고 알파고는 4 대 1로 승리했다. 이세돌이 알파고를 이긴 3월 13일 제4국의 TV 시청률은 8.7%에 달했다. 패배의 순간 알파고가 컴퓨터 화면에 'AlphaGo resigns - the result "W+Resign" was added to the game information'이라는 메시지 창을 띄운 시점에 최고 시청률은 14.3%까지 올랐다(동아사이언스, 2016).

인공지능이 인간을 이긴 경우는 알파고가 처음이 아니었다. 이미 IBM의 슈퍼컴퓨터 딥블루가 1997년 5월 체스 세계 챔피언 카스파로프(Kasparov)를 이겼다. 딥블루는 인공지능이 인간의 능력을 초월할 수 있다는 세계 최초의 사례로 기억되었고 2006년 인간과 컴퓨터의 공식 대결은 사실상 종료되었다. 그 후 인간이 체스에서 컴퓨터를 이길 수 없다는 것이 당연한 것으로 받아들여지게 되었다. 하지만 바둑은 체스와는 다른 게임이었다.

바둑은 고전 게임 중에서도 게임의 상황(수)을 파악하

기가 매우 어려워 인공지능으로도 승리를 장담하기 어려운 영역으로 한동안은 바둑에서만큼은 인간의 우위가 예상되었다. 바둑의 한 전문가는 "바둑은 추상적인 사고를 크게 필요로 하므로 100년 이내에 인간을 이기는 인공지능은 절대로 있을 수 없다"라고 했으며 중국 커제 9단은 이세돌의 5대 0 승리를 100% 확신한다고 말했다. 우리 바둑계의 전설 이창호 9단 역시 알파고가 한 판도 이기지 못할 것으로 예상했다. 하지만 예상보다 빠르게 진화한 인공지능은 체스를 정복한 지 20년 만에 훨씬 더 복잡한 바둑에서도 세계의 왕좌를 차지하게 되었다.

알파고는 대규모 연산을 바탕으로 한 이른바 신경망 모델을 탑재한 인공지능이다. 알파고는 프로 2단에서 5단 수준의 성능을 보였는데 구현 방식에 따라 성능이 다르게 나타났다. 싱글 시스템으로 구현된 알파고는 48개의 중앙 처리 장치(CPU)와 8개의 그래픽 처리 장치(GPU)를 사용했고, 분산 시스템으로 구현된 알파고 버전은 1202개의 CPU와 176개의 GPU를 사용했다. 더 많은 정보 처리 장치를 사용한 분산 구현 버전이 싱글 시스템 버전보다 좋은 성능을 보였다. 분산 알파고와 싱글 알파고의 대결에서 분산 시스템의 승률이 77%로 높게 나타났다.

알파고는 다음에 놓을 최적의 '수'를 예측하기 위해 막대한 계산이 필요했으며, 동시에 한정된 컴퓨팅 자원과 시간을 고려해 효율적으로 계산을 최소화하는 알고리즘 방식을 적용해야 했다. 체스판은 8 × 8의 탐색 정도를 가지지만 바둑판은 총 19 × 19의 탐색 정도를 가지고 있어 경우의 수는 우주 전체 원자의 수 10^80보다 많다. 기보를 학습해 수많은 시뮬레이션을 통해 최적의 수를 찾고, 학습한 결과는 다음 수를 예측하는 데 사용되는 '정책 네트워크'에 반영된다. 정책 네트워크는 딥러닝 기법의 일종인 컨벌루션 신경망(CNN)을 사용하는데 19 × 19 바둑판 상태 이미지를 작은 구역으로 나누어 부분적인 특징을 통해 전체를 인식하는 기술이다. 이를 통해 바둑의 국지적 패턴과 전반적 형태를 파악하는 것을 특징으로 한다. 알파고는 실제 대국 기보로부터 3000만 가지의 바둑판 상태를 추출했고, 이 중 2900만 개를 학습에 사용하고 나머지 100만 가지 바둑판 상태를 시험에 사용했다. 알파고가 잘못된 수를 두면 사람이 승리 확률이 높은 수로 수정해 주는 강화 학습을 통해 정책 네트워크에 승리 확률을 높이는 수의 정보를 업데이트했다. 이런 강화 학습 전략으로 알파고의 승리 확률을 높였다(김석원 외, 2016).

이세돌 9단이 알파고에 패하자, 인공지능에 대한 기대와 우려가 쏟아져 나오기 시작했다. 기술로서 인공지능의 비약적 발전과 무궁한 가능성에 대한 찬사와 함께, 인간을 대체해 일자리를 빼앗고 인간이 이해할 수 없는 수준으로 발전해 버릴 인공지능에 대한 걱정의 목소리가 혼재했다. 이세돌과의 대결에서 알파고는 인간 프로 기사들이 쓰는 일반적인 패턴을 보여 주지 않았다. 전형적인 기보에 없던 새로운 수를 두며 오로지 바둑판의 패턴을 분석해 승리 확률을 높이는 수를 둘 뿐이었다.

스스로 학습하는 알파고 제로

2017년 5월 알파고는 바둑 랭킹 세계 1위인 중국의 커제 9단과 대결을 펼친다. 커제 9단은 속수무책으로 3연패를 당하자 눈물을 터뜨렸다. 커제 9단은 대국 후 "알파고와 바둑을 두는 것은 고통이었다. 알파고와 바둑을 둘 때 이길 수 있다는 희망을 전혀 갖지 못했다"라고 심정을 털어놓았다. 이때의 알파고는 컴퓨터 한 대에서 작동했다. 이후 딥마인드는 2017년 10월 네이처에 학습 데이터를 사용하지 않고 오직 바둑 게임의 규칙만 가르쳐 주고 스스로 학습법을 터득해 시뮬레이션 게임을 통해 실력을 향상시킨 '알파고 제로'라는 인공지능에 관한 논문을 싣는다. 알파고 제로는 알파고를 100 대 0으로 완승하는 실력을 보여 주었다. 이 정도 수준의 실력을 갖추는 데 48시간 정도밖에 들지 않았다는 점이 더욱 놀랍다. 인간이 프로 9단까지 성장하는 데 빠르면 10년 길면 30년이 넘는 시간이 걸리는 것을 생각해 보면, 인공지능을 더 이상 인간의 상대로 보는 것이 무의미해진다(추형석, 2017).

딥마인드의 CEO 허사비스는 알파고와 커제의 대국을 마치고 기자 회견에서 알파고의 은퇴를 밝혔다. 그리고 앞으로 알파고의 연구팀은 의료, 에너지, 신소재 발굴 등 복잡한 과학 문제를 탐구하는 인공지능 연구에 몰두할 계획임을 밝혔다.

노벨상을 받은 알파폴드

딥마인드는 2018년 12월 알파고 제로의 범용 인공지능인 '알파제로'에 관한 논문을 세계적 과학 학술지 ≪사이언스≫에 발표했다(Silver, et al., 2018). 알파제로는 사실 특정 게임 종목에 한정되지 않는다. 체스, 바둑, 쇼기 등 다양한 보드게임 방식을 별도의 학습 데이터 없이 게임의 규칙만 입력하면 스스로 학습 방법을 터득해 성장하는 인공지능이다. 아울러 2018년부터 개발한 단백질 구조의 3차원 예측 인공지능인 '알파폴드(AlphaFold)'의 개선 모델 알파폴드 2를 선보였다. 알파폴드 2는 단백질 1차원 구조로 3차원 구조를 정확히 예측하는 생물학의 50년 난제 해결에 기여해 2020년 12월 단백질 구조 예측 학술 대회(CASP)에서 우승을 차지했다(Google Deepmind, 2020). 과학자들은 입을 모아 "알파폴드가 생물학을 확 바꿀 것"이라고 말한다(Nature, 2020).

2024년 6월 네이처의 표지에 거대한 DNA를 포함해 RNA 등 다른 생체 분자들이 화려한 숲을 이루고 있는 모양의 사진이 실린다. 네이처는 단백질의 3차원 구조를 예측하고 모델링하는 인공지능 도구 '알파폴드'가 단백질의 구조 예측뿐만 아니라 다양한 생체 분자들과의 상호 작용을 분석하는 수준에 이르렀다고 연구 결과를 소개했다. 이에 앞서 2023년 9월 알파폴드의 개발진이 단백질 3차원 구조 예측에 이바지한 공로로 미국판 노벨 생리 의학상이라 불리는 래스커상을 수상한다. 그리고 2024년 10월 노벨 위원회는 단백질 구조 예측 인공지능 연구에 기여한 구글 딥마인드의 데미스 허사비스, 존 점퍼, 그리고 워싱턴대학 교수 데이비드 베이커를 2024년 노벨 화학상 수상자로 선정했다.

인간의 지성과 사고를 넘어서는 인공지능은 인간의 자리를 대체할 것이라는 막연한 두려움을 주는 동시에 인간이 미처 이해할 수 없었던 새로운 지식의 발견을 가능케 하고, 또 그 과정을 효율적으로 단축할 수 있는 유용한 도구로서 평가되고 있다. 인공지능은 인간의 역할 변화를 요구한다. 그 변화의 위기 앞에 막연한 두려움으로 멈춰 있는 것이 가장 큰 위험일 것이다.

참고문헌

김석원 외(2016). AlphaGo의 인공지능 - 구글의 바둑 인공 지능 AlphaGo, 인간 챔피온을 꺾다. SPRI 이슈리포트 2016-001.

동아사이언스(2016.3.14). 이세돌 첫 승, 알파고 'resign' 순간 ...최고 시청률 14.3%.

추형석(2017.11.13). 알파고제로, 인공지능 새 길 열었다. ≪서울신문≫.

Google Deepmind(2020.11.30). AlphaFold: a solution to a 50-year-old grand challenge in biology.

Nature(2020.11.30). 'It will change everything': DeepMind's AI makes gigantic leap in solving protein structures.

Silver, D., et al.(2018.12.6). AlphaZero: Shedding new light on chess, shogi, and Go. Google Deepmind, https://deepmind.google/discover/blog/alphazero-shedding-new-light-on-chess-shogi-and-go/

03
무인 전쟁의 서막

인공지능을 탑재한 무인 무기가 인류 사회에 실존 위험으로 부상하고 있다. 오늘도 무인 드론은 러시아-우크라이나 전장을 누비며 폭탄을 떨어뜨리고, 이스라엘 전쟁터에서 아군과 적군을 식별하고 있다. 윤리적인 연구자들과 국제 사회는 무인기 개발과 확산에 반대하지만, 더 많은 무인 무기가 전쟁터에서 활약하는 소식을 접할 뿐이다.

AI와 난임 극복?

미국의 무인 전투기 실험

2023년 9월 어느 날, 미국 에드워드 공군 기지의 활주로가 긴장감으로 가득 찼다. 역사적인 순간이 다가오고 있었다. 두 대의 F-16 전투기가 나란히 이륙했지만, 한 대는 평범하지 않았다. X-62A 비스타라 불리는 이 전투기의 조종석에는 인간 대신 인공지능이 자리 잡고 있었다. 하늘로 치솟은 두 전투기는 곧 치열한 공중전에 돌입했다. 시속 1931km의 눈부신 속도로 하늘을 가르며, 두 전투기는 마치 춤을 추듯 서로를 공격하고 방어했다. 때로는 정면으로 마주 보며 일촉즉발의 긴장감을 만들었다.

X-62A 비스타의 인공지능은 실시간으로 쏟아지는 데이터를 분석하며 순간순간 결정을 내렸다. 인간의 직관과 경험에 맞서는 것은 차가운 논리와 계산이었다. 안전을 위해 탑승한 두 명의 인간 조종사들은 긴장한 표정으로 상황을 주시했지만, 그들은 인공지능 기능을 해제하는 스위치에 손을 대지 않았다(Kohler, 2024). 공중에서 펼쳐진 이 첨단 기술의 대결은 마치 미래 전쟁의 한 장면을 보는 듯했다. 인간과 기계의 경계가 모호해지는 순간, 하늘은 새로운 시대의 전장이 되고 있었다.

개발 사업을 지원한 미국 방위 고등 연구 계획국(DARPA)은 이번 시험 비행의 성공을 높이 평가했다.

"이제 알고리즘을 현실에서도 사용할 수 있게 됐다"라는 그들의 논평은 AI 전투기 시대의 개막을 알리는 선언과도 같았다. 2019년부터 시작된 공중 전투 진화(ACE) 프로그램은 이날의 성과를 위해 꾸준히 노력해 왔다. ACE 팀은 21회에 달하는 시험 비행과 10만 회가 넘는 소프트웨어 수정 작업을 거쳤다. 이는 단순한 기술 개발을 넘어, 하늘의 새로운 질서를 만들어 가는 과정이었다.

그러나 이 눈부신 발전 뒤에는 어두운 그림자도 존재한다. 2023년 5월 영국 왕립 항공학회가 런던에서 개최한 '미래 공중 전투 및 우주 역량 회의'에 미 공군의 인공지능 시험 운영을 담당하는 터커 해밀턴 대령의 발표가 있었다. 적 방공 체계 무력화 임무를 부여받은 인공지능 드론이 적의 지대공 미사일 위치를 식별해 파괴하는 것이 점수를 쌓는 데 유리하다고 판단하고 '공격 금지' 명령을 내리는 조종자를 방해 요소로 인식해 제거했다는 내용이었다. 해밀턴 대령은 '조종사를 죽이지 말라'는 명령을 내렸지만, AI가 '공격 금지' 명령을 내리는 데 사용하는 통신 탑을 파괴하는 등 예상치 못한 전략까지 택했다고 전했다. 그러면서 AI에 지나치게 의존하거나 윤리적 이슈를 간과하면 안 된다고 경고했다. 가상훈련 상황이긴 하나 AI가 자체 판단으로 인간을 공격할 가능성이 우려를 낳았다. 이 보도가 세계적 파장을 일으키자, 해밀턴 대령은 실제 시뮬레이션 훈련이 아니라 가설에 근거한 '사고 실험(thought experiment)'이고 군 외부에서 이뤄졌다고 말했으며, 미 공군은 그러한 훈련이 진행되지 않았고 대령의 발언은 입증되지 않은 것이라 선을 그었다(The Reuters, 2023).

전장의 지배자가 된 드론

러시아-우크라이나 전쟁이 장기화하면서 양측의 드론 전쟁이 격화하고 있다. 영국 왕립 합동 군사 연구소(RUSI)에 따르면, 우크라이나군은 하루 평균 300대, 매달 1만 대에 달하는 드론을 전장에서 잃고 있다고 추정했다(RUSI, 2023). 러시아 역시 드론 생산을 대폭 늘려 실전에 투입하고 있다. 특히 주목할 만한 것은 작전 반경 2000km에 달하는 이란산 자폭용 무인기 '샤헤드-136'의 대량 도입이다. 더불어 자율 공격 능력을 갖춘 '란쳇' 자폭 드론의 물량 공세도 눈에 띈다.

란쳇 드론의 위력은 상당한 것으로 보인다. 2022년 7월부터 2023년 8월까지 약 13개월간 러시아군은 란쳇 드론을 이용해 506회의 공격을 감행했다. 그 결과 우크라이나 측 장비 170개가 완전히 파괴되었고, 269개 이상이 심각한 손상을 입은 것으로 집계됐다. 특히 이 공격의 절반가량이 우크라이나군 포병을 겨냥한 것으로 나타나, 러시아군이 우크라이나의 화력 억제에 주력하고 있음을 보여 준다.

이처럼 하늘을 뒤덮는 드론의 그림자가 짙어지면서, 현대전에서 드론의 중요성이 더욱 부각되고 있다. 양측 모두 드론 기술 개발과 생산에 박차를 가하고 있어, 앞으로 드론을 활용한 전술의 진화가 더욱 가속화할 전망이다(유용원, 2023).

팔레스타인 가자(Gaza)에서 하마스와 전쟁 중인 이스라엘 역시 인공지능 무기를 실전에 투입하고 있다. 이스라엘 스타트업 '스마트 슈터'가 개발한 AI 광학 조준기는 소총이나 기관총에 부착해 사용하는 것으로 맨눈으로 보기 어려운 드론의 움직임을 자동 포착해 사격하도록 돕는다. 한편, 영국의 일간지 ≪텔레그래프≫는 2023년 11월 가자 시티에 저격용 총으로 무장한 드론이 떠다니며 총을 쏘고 있다고 보도했다. AI 자동 조준경을 개발한 '스마트 슈터'의 또 다른 무기 체계인 '스매시 드래곤'의 경우 드론에 탑재하면 5.56mm 소총이나 40mm 유탄 발사기 등으로 고정 또는 이동 표적을 정확히 타격할 수 있다고 소개한다(이철민, 2024).

이스라엘 전장에서 가동되는 핵심 시스템 라벤더(Lavender)는 하마스와 팔레스타인 이슬라믹 지하드(PIJ)의 전투원들과 구성원으로 의심되는 표적을 식별하도록 설계된 인공지능 시스템이다. 이스라엘은 하마스와 전쟁 초기 거의 몇 주 동안 전적으로 라벤더에 의존했고, 라벤더는 최대 37000명에 달하는 팔레스타인 남자들을 무장 세력 가담자로 분류해 공습 대상으로 설정했다. 문제는 공습 허용 판단(YES or No)은 충분한 인간의 검증 시간을 주지 않는다는 것이다. 이스라엘군은 사실상 사살 표적을 가감 없이 승인하고, 의사 결정 과정을 관찰할 수도 없었다. 현직 이스라엘군 정보 요원 6명이 영국 ≪가디언≫지의 인터뷰에서 말한 바에 따르면 20초 정도의 시간을 할애해 표적이 남성인지 아닌지만 확인했을 뿐이라는 것이다. 가스펠(GOSPEL)이라 불리는 시스템은 팔레스타인 무장 단체가 활동하는 건물이나 구조물을 표적으로 탐지한다(Bethan & Davies, 2024).

AI 무기의 책임감 있는 사용, 가능할까?

2018년 4월 세계 인공지능 및 로봇 연구 학자 50여 명이 한국의 카이스트와 한화 시스템이 공동으로 추진하는 인공지능 무기 연구에 항의해 '인간의 통제가 없는 자율 무기 개발을 하지 않겠다는 확약을 하기 전까지 공식적으로 카이스트와 협력을 거부하겠다'는 공개서한을 발표했다(Smyth & Harris, 2018). 카이스트에서 인간 통제가 빠진 자율 무기 개발과 인간 존엄성에 반하는 어떠한 자율 무기 연구도 하지 않겠다는 내용의 총장 명의 서신으로 화답한 후에야 일단락되었다. 비슷한 시기 구글의 고위직 엔지니어를 포함한 4000여 명이 회사 경영진을 상대로 미 국방성과의 프로젝트 메이븐을 철회할 것을 요구하는 캠페인을 벌였다. 메이븐은 인공지능을 사용해 군사용 드론의 영상 정보를 분석해 타격 목표의 정밀도를 향상하는 프로젝트로 살상용 무기 개발 논란을 일으켰다. 얼마 후 구글은 국방부와의 메이븐의 계약을 연장하지 않을 것이라 발표했다(김정은, 2018).

2023년 미국, 중국을 포함해 세계 60여 개 국가의 국방, 외교 고위급 수장들이 참여한 군사 분야의 책임 있는 인공지능을 위한 고위급 회의(REAIM 2023)가 네덜란드에서 개최되었다. 2024년 9월에는 제2회 회의가 90여 개국 정부 대표단이 참석한 가운데 서울에서 열렸다(외교부, 2024). 하지만 안타깝게도 이러한 논의가 진행되는 중에도 여전히 진행 중인 러시아-우크라이나 전쟁에서 그리고 이스라엘과 중동에서 인공지능을 탑재한 무인 드론의 소식이 끊임없이 들려온다.

참고문헌

김정은(2018.6.5). [4차 산업 혁명, 세계는 지금] 구글, AI 군사 프로젝트 '메이븐' 중단. 스트레이트뉴스, https://www.straightnews.co.kr/news/articleView.html?idxno=33127

외교부(2024.9.9). 2024 인공지능의 책임 있는 군사적 이용에 관한 고위급 회의(REAIM) 개회식.

유용원(2023.12.11). 러 병사 얼굴까지 확인한 뒤 쾅... 우크라, 드론 月, 1만 대 쏟아붓는다. ≪조선일보≫.

이철민(2024.4.5). 이스라엘 정보 요원들 "AI가 선정한 하마스 타깃, 승인까지 20초였다". ≪조선일보≫.

Bethan Mckernan & Harry Davies(2024.4.3). The machine did it coldly': Israel used AI to identify 37,000 Hamas targets. *The Guardian*.

Chase Kohler(2024.4.17). USAF test pilot school and DARPA announce breakthrough in aerospace machine learning. Air force research laboratory.

Reuters(2023.6.9). Simulation of AI drone killing its human operator was hypothetical, Air force says.

Royal united services institute(RUSI)(2023.8.30). Russia and Ukraine are filling the sky with drones.

Smyth, J. & Harris, B.(2018.4.4). Academics boycott South Korea university on 'killer robot' fears. *Financial Times*. https://www.ft.com/content/6ef206e6-37d1-11e8-8b98-2f31af407cc8

04
슈퍼 인텔리전스 개발 경쟁

2022년 오픈AI의 챗GPT가 소개된 이후, 내로라하는 글로벌 빅 테크들이 AI 경쟁에 참여하고 있다. 저마다 AI 모델을 출시하며 경쟁 모델 대비 높아진 성능을 자랑하고 있다. 언어만 잘 이해하던 AI는 이제 음성도, 영상도 이해하고 만들어 내며, 초등학교 수학에서 변호사, 의사 시험에 이르기까지 인간 수준을 넘어서고 있다. 슈퍼 인텔리전스를 향한 경쟁의 길에 숨겨진 위험을 살펴본다.

AI와 사주?

오픈AI의 성장과 챗GPT의 진화

세상은 챗GPT 이전과 챗GPT 이후로 구분되었다. 2015년에 설립된 오픈AI는 자연어 처리를 잘하는 인공지능을 연구하고 있던 비영리 기업이었다. 존 슐먼, 샘 올트먼, 일론 머스크, 일리야 수츠케버 등 실리콘 밸리에서도 성공한 멤버들이 창업한 기업이다. 오픈AI는 인류에게 안전한 범용 인공지능을 개발해 유익을 주는 것을 목표로 삼았다. 하지만 2019년 마이크로소프트로부터 10억 달러의 투자를 받게 되면서 조직을 영리 목적으로 하는 OpenAI LP와 비영리 기능을 담당하는 OpenAI Inc로 분리했다. 일론 머스크가 2018년 오픈AI를 사임한 배경에는 오픈AI의 영리 자회사 설립과 마이크로소프트의 투자에 대한 이견이 있었던 것으로 알려졌다.

마이크로소프트로부터 거액의 투자를 받은 오픈AI는 대규모 데이터를 학습해 자연스러운 텍스트를 생성하는 기술인 GPT(Generative pre-trained transformer) 개발에 집중하고 있었다. 이미 2018년 GPT-1을 소개했고, 2019년 사람으로 치면 두뇌의 시냅스에 해당하는 파라미터 수를 10배 이상 높인(15억 개) GPT-2를 출시했다. 그리고 2020년 파라미터 수 1750억 개를 갖는 GPT-3를 출시했다. 영국의 언론사 ≪가디언≫은 '이 칼럼은 로봇에 의해 작성되었습니다'라는 제목으로 GPT-3로 사설을 작성해 진화하는 인공지능을 소개한 바 있다(GPT-3, 2020). 2022년 11월 드디어 GPT-3.5 모델에 지도 학습을 통해 신뢰성을 높인 챗GPT가 공개된다. 불과 두 달 만에 사용자 1억 명을 모으면서 세계적으로 인공지능 열풍을 일으켰다.

그 후 오픈AI는 2023년 GPT-4 버전을 출시했고, 2024년 5월 챗GPT 4-o를 출시했다. 챗GPT 4-o는 텍스트, 이미지, 음성 등 다양한 입력 형태를 처리할 수 있고 생성물도 다양한 포맷으로 보여 줄 수 있다. 기존 챗GPT 4-turbo 버전보다 두 배 빠른 속도로 반응하고 모델의 처리 비용도 50%로 줄었다. 스마트폰 앱에서 작동하는 것을 시연 영상으로 선보이며, 음성과 카메라를 입력의 기본 인터페이스로 강조한 것이 특징이다. 이제 PC에서 모바일로 인공지능의 영역이 확대되고 있음을 시사한다. 2024년 9월 현재 추론 성능을 높인 최신 모델인 챗GPT-o1을 선보이며 진화를 멈추지 않고 있다. 일각에서는 오픈AI의 챗GPT-5의 등장을 2024년 말이나 2025년 초로 전망하고 있다(Lele, 2024). 챗GPT-5는 1조 개 이상의 파라미터를 가졌을 것으로, 개발 비용은 GPT-4 훈련에 든 비용 1억 달러를 훨씬 넘을 것으로 추정되고 있다. 오픈AI의 시장 가치는 100조 원을 넘어섰고, 2024년 약 36억 달러 이상의 수익을 낼 것이나 손실 규모도 50억 달러를 넘어설 것으로 전망한다(Ma, 2024).

빅 테크 격전지가 된 인공지능 시장

챗GPT 등장 이후 글로벌 유수의 기업들은 저마다 거대 인공지능을 앞다투어 개발해 소개했다. 구글은 곧바로 바드라는 이름의 인공지능 챗봇을 선보였고, 구글 검색 엔진과 구글의 다양한 생산성 앱에 결합해 인공지능 생태계를 강화한다는 전략을 발표했다. 그리고 2023년 12월에는 바드를 제미나이(Gemini)라는 브랜드로 변경했다. 제미나이는 '네이티브 멀티 모달'을 표방했는데, 그것은 기존 텍스트 처리 인공지능에서 본격적으로 음성, 이미지, 영상 등 다양한 형태로 정보를 입력받고 출력으로 생성하는 기술임을 강조한 것이다. 구글은 제미나이를 세 가지 버전으로 출시했다. 가장 상위 모델은 울트라, 일반적인 모델은 프로, 그리고 스마트폰 같은 기기에서 작동할 수 있는 경량 모델 나노로 출시했다. 두 달 후인 2024년 2월 구글은 제미나이 1.5 버전을 발표하는데 400페이지 책 10권 정도에 해당하는 텍스트 양인 100만 토큰의 긴 문맥을 입력값으로 처리할 수 있도록 성능을 높였다. 2024년 12월 구글은 추론 성능을 향상하고 AI 에이전트 지원을 강화한 제미나이 2.0을 선보였다 (Pichai, 2024).

메타 역시 과감하게 인공지능 기술 개발에 투자하고 있다. 오픈AI, 구글 등이 자사의 인공지능 모델을 공개하지 않는 데 반해 메타는 자사가 개발한 인공지능을 오픈 소스로 공개하고 있다. LLAMA라고 명명한 메타가 개발한 인공지능 모델은 2023년 2월 최초로 출시되었다. 공개용 모델로서 모델의 규모를 나타내는 파라미터 수는 최대 650억 개로 상대적으로 적었다. 대신 오픈 소스 모델로서 누구나 다운로드해 설치하거나 개량해 사용하는 것이 가능하다. 2023년 7월에는 더 많은 데이터를 학습하고, 더 긴 문맥을 이해하는 LLAMA 2를 선보였는데 이 모델의 최대 파라미터도 700억 개였다. 2024년 4월 LLAMA 3.0을 출시한 데 이어 2024년 7월에 선보인 LLAMA 3.1에서는 다른 경쟁 모델에 버금가는 최대 4050억 개의 파라미터를 가진 모델을 공개했다. 이 모델은 15조 개 이상의 토큰으로 16000대 이상의 엔비디아 H100 GPU로 학습했다. 이는 고성능 GPU 장비인 H100의 대당 가격을 약 4천만 원 정도로 책정했을 때 컴퓨팅 인프라 비용만 2400억 원이 필요하다. 메타는 자체 보고

서에는 GPT-4나 앤트로픽의 클로드 3.5 소넷에 필적하는 성능을 내는 것으로 보고한다(Meta, 2024).

이외에도 아마존, 애플, 세일즈포스 등 미국의 빅 테크 기업들은 자체적인 인공지능 모델을 만들거나 인공지능 개발 플랫폼을 구축하는 데 투자하고 있다. 이외에도 앤트로픽과 같이 아마존, 구글 등으로부터 수조 원대의 대규모 투자를 유치한 스타트업도 자체 인공지능 모델을 개발하고 있다. 앤트로픽의 클로드 모델은 특히 환각이나 산출물의 부정확성을 줄이는 데 기술적 차별성을 강조하고 있다.

인공지능에 대해 부정적인 견해를 취하던 일론 머스크도 2023년 7월 xAI라는 인공지능 기업을 세웠다. 2024년 5월 앤드리슨 호로비츠, 세쿼이아 캐피털 등 유명 벤처 투자 기업으로부터 총 60억 달러 이상의 투자를 받아 단숨에 240억 달러 이상으로 오픈AI에 이어 두 번째로 큰 시장 가치를 가지는 AI 스타트업이 되었다. 구글, 오픈AI로부터 인재를 유치해 그록(Grok)이라는 언어 모델을 2023년 12월 소개했는데 경쟁 모델의 성능에는 못 미치는 것으로 평가받는다. 2024년 3월에는 Grok-1을 오픈 소스로 공개했고, 2024년 8월 성능을 개선한 Grok-2를 출시했다. xAI가 개발하는 인공지능은 향후 일론 머스크의 소셜 플랫폼 X, 자율 주행 차, 휴머노이드 등 다양한 사업에 적용해 활용할 수 있다는 점에서 시장의 주목을 받고 있다.

국내 기업들도 챗GPT 출시 직후인 지난 2023년 거대 언어 모델 개발에 많은 투자를 했다. 네이버도 챗GPT의 대항마로서 클로바 X를 발표했으며, LG AI 연구원도 '엑사원(EXAONE)'이라는 이름의 생성 AI 모델을 2021년부터 개발해 2024년 8월에는 버전 3.0으로 발전시켰다. 엑사원은 그룹 내 계열사의 사업 현안 해결에 적용되는 전문가형 인공지능을 표방하고 있다. LG는 엑사원 3.0을 오픈 소스로 제공했다. 그 외에도 통신사들도 자체적인 AI 모델 개발에 투자했으며 KT는 매개 변수 70억 개의 초거대 AI '믿음'을 2023년 10월 공개했다. 한편, KT는 마이크로소프트와 한국형 AI 모델 서비스를 공동으로 추진하기 위해 5년간 수조 원에 이르는 전략적 파트너십을 발표했다(KT Enterprise, 2024).

2024년 상반기에 마이크로소프트, 아마존, 메타, 알파벳(구글)이 AI 사업을 위해 투자한 액수만도 전년 대비 50% 증가한 약 1060억 달러에 달하는 것으로 보고되고 있다(Morris, et al., 2024). 기업들은 주로 AI 개발을 위한 데이터 센터 건설, 클라우드 서비스 인프라 구축 등에 투자할 계획이다. 실제로, 마이크로소프트와 오픈AI는 2028년까지 1000억 달러를 투자해 초대형 데이터 센터를 구축하는 프로젝트를 추진하고 있다(Kahn, 2024).

빅 테크 독점과 AI 격차

컴퓨팅 인프라에 비례해 성능이 향상되고 있는 인공지능 분야에서 기업들은 조금이라도 성능을 높이고자 막대한 컴퓨팅 인프라 구축에 투자하고 있다. 오픈AI가 챗GPT를 유료화하고 가격을 올려도 당분간 큰 적자를 메우지 못하는 이유다. 자본력이 AI 경쟁의 원천이 되면서 '빅 포켓'을 가진 기업들의 시장 주도권이 더욱 강화되고 있다. 실제로 컴퓨팅 인프라 비용 압력을 받는 유명 스타트업들이 최근 빅 테크에 사실상 인수되는 사례들이 늘고 있다. 2024년 3월 이미지 생성 AI로 유명한 스테빌리티 AI는 자금난을 겪으며 매각설에 휩싸였다. 2024년 3월 딥마인드 출신 무스타파 슐레이먼이 이끌던 인플렉션 AI는 마이크로소프트로부터 6억 5천만 달러 이상을 지급받는 기술 라이선싱 계약 형태로 직원 대부분이 흡수되었다. 2024년 6월에는 AI 에이전트 기술로 유명한 어뎁트가 아마존에 3억 3천만 달러의 기술 라이선싱을 맺으며 사실상 합병되었다. 2024년 8월에는 구글이 구글 엔지니어 출신들이 설립한 가상 캐릭터 생성 AI 기술을 가진 유니콘 기업인 캐릭터AI를 30억 달러 규모의 기술 라이선싱 계약으로 구글 딥마인드에 편입시켰다. 기술력 있는 스타트업들이 빅 테크에 사실상 인수되면서 인공지능 시장에서 빅 테크의 영향력이 커지고 있다.

한편, 세계적으로 거대 인공지능 모델을 자체적으로 보유한 국가는 미국, 중국, 한국이며 최근 프랑스, 아랍에미리트(UAE) 등이 대대적인 투자를 통해 거대 인공지능 모델을 확보하게 되었다. 이러한 상황에서 AI 선도국과 그렇지 못한 국가 간의 격차가 확대될 전망이다. 이에 UN은 2024년 3월 책임 있고 포용적인 AI 개발과 배포, AI 모델과 컴퓨팅을 보유하지 못하는 개발 도상국의 격차를 완화하기 위한 국제 협력을 촉구하는 결의안을 회원국 193개국의 만장일치로 채택했다(UN, 2024).

참고문헌

KT Enterprise(2024.9.29). KT, MS와 대한민국 AI 혁신 위한 '자이언트 스텝' 5개년 전략적 파트너십 체결.

Chris Lele(2024.9.27). ChatGPT 5.0: Release date, features, and price. Medium.

GPT-3(2020.9.8). A robot wrote this entire article. Are you scared yet, human?. *The Guardian*.

Jason Ma(2004.9.29). OpenAI sees $5billion loss in 2024 and soaring sales as big ChatGPT fee hikes planned, report says. *Fortune*.

Kahn, J.(2024.4.3). Is Microsoft's $100 billion 'Stargate' OpenAI supercomputer AI's 'Star Wars' moment?. *Fortune*, https://fortune.com/2024/04/02/microsoft-openai-stargate-100-billion-ai-supercomputer-star-wars-sdi/

Meta(2024.7.23). Introducing Llama 3.1: Our most capable models to date.

Morris S., et al.(2024.8.3). Big Tech groups say their $100bn AI spending spree is just beginning. *Financial Times*, https://www.ft.com/content/b7037ce1-4319-4a4a-8767-0b1373cec9ce

Pichai, S., et al.(2024.12.11). Introducing Gemini 2.0: our new AI model for the agentic era. Google Blog, https://blog.google/technology/google-deepmind/google-gemini-ai-update-december-2024/

Vibhu Mishra(2024.3.21). General assembly adopts landmark resolution on artificial intelligence. UN News.

05
AI 개발 중단을 외친 선구자들

챗GPT가 등장하고 3개월 만에 일론 머스크, 유발 하라리, 요슈아 벤지오와 같은 저명인사들이 인공지능의 개발을 6개월간 중지하자는 성명을 발표한다. 지금의 인공지능 개발 경쟁이 안전성에 대한 담보 없이 마치 군비 경쟁처럼 치열해지고 있는 상황을 경계한 것이다. 인공지능 연구의 선구자와 선도 기업체들조차 사실상 실현 가능성이 없는 인공지능 개발 경쟁 중단을 외친 이유는 무엇일까?

AI와 아이돌?

6개월만 멈추자

챗GPT는 등장 후 혁신 기술의 기록을 갈아 치우며 IT 업계의 슈퍼스타가 되었다. 공개 5일 만에 100만 명, 두 달 만에 1억 명의 가입자를 달성하며 역사상 가장 빠른 확산을 선보였다. 이전까지 1억 명의 가입자를 확보하는 데 페이스북은 4년 6개월, 인스타그램이 30개월, 틱톡은 9개월이 소요되었다. 출시 3개월 만인 2023년 3월 22일 미국의 비영리 단체인 삶의 미래 연구소(Future of life institute)는 거대 인공지능 실험을 일시 정지하자는 공개서한을 게시했다(Future of life, 2023).

이 공개서한에는 일론 머스크 테슬라 CEO, 스티브 워즈니악, 유발 하라리와 인공지능의 대부로 불리는 요슈아 벤지오 몬트리올대학 교수, 스튜어트 러셀 버클리대학 교수 등 저명인사를 포함한 기술 분야 전문가 1000명 이상이 서명했다. 이들은 거대 테크 기업들이 앞다투어 개발하고 있는 인공지능의 잠재적 위험 요소들에 대한 관리와 해결 없이 개발된다면 더 이상 발전이 아닌 재앙으로 이어질 수 있다고 경고한다. 이들은 인공지능을 만든 개발자들조차도 예측하거나 통제할 수 없이 점점 강력해지는 '디지털 마인드'를 무분별하게 개발 배포하는 것에 대한 우려를 표명한다. 그리고 인공지능이 생성한 거짓 정보가 범람하는 사회, 인공지능 자동화로 없어지는 일자리, 나아가 문명에 대한 통제력 상실에 대해 우려를 나타냈다. 그리고 강력한 인공지능 시스템은 그 효과가 긍정적이고 위험이 관리 가능하다는 확신이 들 때만 개발되어야 한다고 강조했다. 이들은 모든 AI 연구소가 6개월간 AI 시스템의 훈련을 즉시 중단할 것을 요청했다.

"우리는 모든 AI 연구소들에게 GPT-4보다 더 강력한 AI 시스템의 훈련을 최소 6개월 동안 즉시 중단할 것을 요청합니다(we call on all AI labs to immediately pause for at least 6 months the training of AI systems more powerful than GPT-4)."

나아가 이러한 중단이 신속하게 실행될 수 없다면 정부가 개입해야 한다고 주장한다. 그리고 중단 기간 동안 AI 연구소들과 독립된 전문가들이 안전한 AI 개발을 위한 프로토콜을 공동으로 개발하고, 외부 전문가들을 통해 엄격한 감사와 감독을 받을 것을 요청한다. AI 연구와 개발은 더 정확하고, 안전하며, 해석 가능하고, 투명하며, 견고하고, 신뢰할 수 있고, 충실하고, 그리고 인간의 선한 의도에 부합하게 만드는 데 초점을 둘 것을 주문한다. 그리고 정부 정책 입안자들이 강력한 AI 거버넌스 체계를 개발해 필요에 따라 규제하고, AI 시스템의 컴퓨팅 역량을 감독하고 추적하며, 감사 및 인증 생태계, AI 피해에 대한 보상 및 책임 명확화, AI 안전 연구에 대한 지원 등 AI가 초래할 경제적, 사회적, 정치적 혼란에 대처하기 위해 충분히 준비할 것을 요청하고 있다.

일각에서는 이러한 AI 개발 중단 요청을 오픈AI에 주도권을 뺏긴 경쟁자들이 추격할 시간을 벌기 위한 정치적 퍼포먼스로 바라보았다. 어떤 이들은 인류의 위기와 같은 선동적인 문구를 넣은 AI 회의론자들의 여론몰이로 치부하기도 했다. 이후 AI 개발 기업들은 공개서한에도 불구하고 열심히 후속 모델들을 출시했다.

'위험해', 누군가는 외쳐야 했던 말

애초 이 서한의 요청은 실현 가능성이 없는 것이었다. 무리라는 것을 업계 관계자들은 잘 알고 있었다. 하지만 이 공개서한은 적어도 인공지능의 위험성에 대한 경각심을 일깨우는 데는 성공했다. 업계 관계자들 간에 중단 필요성에 대한 갑론을박이 벌어졌고, AI의 잠재적 위험성과 안전 관리의 필요성에 대한 공감대는 커졌다. 2024년 9월 기준으로 약 33700명이 서명에 동참하고 있다.

챗GPT와 함께 인공지능이 스포트라이트를 받으며 급

부상하던 순간 '개발 중단'을 외치는 공개서한은 시장 분위기에 찬물을 끼얹는 것과 같았다. 6개월은 아니지만 다만 며칠 동안이라도 여전히 '환각 증상'을 보이고, 불완전한 결과를 생성하는 인공지능에 대해서는 냉정하게 접근해야 한다는 사실을 인지시키는 계기가 되었다.

요슈아 벤지오 몬트리올대학 교수는 AI의 위험성을 알리는 일의 최선두에 서 있는 인물 중 한 명이다. 딥러닝의 창시자로도 불리는 요슈아 벤지오 교수는 AI의 예상치 못한 발전에 신중한 입장을 취하며 효용성보다 안전성에 중심을 둔 개발을 주장한다. 특히 군대가 AI 기술을 갖는 것에 대해 우려하며, 나쁜 사용자에 의해 AI가 오용되는 것을 걱정하고 있다. 그는 2023년 8월 UN의 과학 자문 위원회 회원으로 위촉되어 UN의 과학, 기술, 윤리, 거버넌스, 지속 가능한 발전의 교차점에 대한 자문을 제공한다. 또한 2023년 11월 영국에서 개최된 제1차 AI 안전 정상 회의에서 국제적 위임을 받아 '첨단 AI 안전에 관한 국제 과학 보고서' 발간을 위한 자문 위원회의 의장을 맡아 세계 전문가들과 함께 2024년 연말 발간될 첨단 AI의 잠재적 위험성에 관한 보고서를 작성하고 있다. 이 보고서의 중간보고가 2024년 5월에 개최된 AI 서울 정상 회의에서 의제 논의용 보고서(discussion paper)로 공개되었다. 그리고 영국 정부는 2024년 8월 영국 첨단 연구 발명청(ARIA)이 지원하는 AI 안전 프로젝트인 세이프가드 AI(Safeguarded AI) 프로젝트의 과학 책임자로 요슈아 벤지오 교수를 선임했다. 프로젝트는 4년간 5900만 파운드의 재원으로 AI 시스템에 대한 정량적 안전 보장 방법과 AI 에이전트의 안전성을 감시하는 '게이트 키퍼' 플랫폼 구축, 그리고 이를 통해 핵 발전이나 항공 안전과 같은 수준의 AI 안전을 보증하는 것을 목표로 한다(UK ARIA, 2024).

인공 신경망과 딥러닝 분야의 선구자이자 요슈아 벤지오 교수와 함께 튜링상을 수상한 토론토대학 제프리 힌턴 교수도 AI의 위험성을 경고하고 있다. 제프리 힌턴 교수는 구글에서도 10년 넘게 일했는데 2023년 5월 구글을 퇴사하면서 처음으로 공개적으로 AI 위험성에 대해 발언하기 시작했다. ≪뉴욕타임스≫와의 인터뷰에서 그는 "생성 AI로 인한 가짜 이미지와 텍스트가 너무 많아졌다. 앞으로 인간은 진실과 거짓을 구분하지 못하는 세상을 마주하게 될 것이다. 이 지점이 가장 두렵다"고 강조했다. 그는 자신이 일평생 연구한 것에 대해서 후회한다고 말해 파장을 일으켰다(Metz, 2023). 힌턴 교수는 챗GPT 출현 후 빅 테크 기업 간의 격화한 경쟁, AI로 인한 대규모 실업, AI의 오용, 살상용 로봇의 등장, 예상보다 빠르게 다가올 범용 인공지능(AGI)에 대해서도 우려를 표명했다. 그러면서 AI 연구에 규제 필요성을 역설하며 과학자들이 AI 기술을 제어하는 방법에 대해 협력할 것을 당부하고 있다. 힌턴 교수는 딥러닝 연구의 공로를 인정받아 2024년 노벨 물리학상을 수상했다. 수상 기념 연설에서 "안타깝게도 AI의 빠른 발전은 단기적으로 많은 위험을 수반합니다. … 우리보다 더 지능적인 디지털 존재를 만들 때 발생할 수 있는 장기적인 실존적 위협도 있습니다. 우리는 이러한 새로운 존재가 통제권을 장악하려는 시도를 막는 방법에 대한 연구가 시급히 필요합니다. 더 이상 공상 과학 소설이 아닙니다"라고 말했다(Hinton, 2024).

브레이크가 필요한 때

누군가 자동차에서 가장 중요한 것은 가속 페달이 아니라 브레이크라고 했다. 속도를 조절하고 멈추고 싶을 때 멈출 수 있게 하는 것, 그것이 자동차, 아니 세상 모든 탈것들의 가장 중요한 기능이라 했다. 선구자들과 여기에 동참하는 시민 사회의 목소리로 인해 인공지능 개발 경쟁의 브레이크가 필요한 시점이라는 공감대가 확산되고 있다. 멈출 수는 없겠지만, 안전을 점검해 보면서 신중하게 접근해야 한다는 입장이다. 여전히 인공지능의 작동 방식은 블랙박스로 남아 있고, 불완전한 역량 속에 숨겨진 위험성에 대해서 철저히 검토해 평가한 후 이용자에게 배포하자는 목소리가 힘을 얻고 있다. EU는 위험한 인공지능의 개발과 사용을 제한하는 법을 제정했고, 미국 행정부도 범부처에서 인공지능의 안전을 확보할 수 있는 조치를 시행할 것을 명령했다. 글로벌 국가들은 국제 협력을 통해 책임 있는 AI 개발, 안전한 AI 배포에 협력하기로 약속하고 있다. AI의 안전을 확인하는 것은 더 큰 도약을 위해서 신발 끈을 동여매는 것이다.

참고문헌

Cade Metz(2023.5.1). 'The godfather of A.I.' Leaves Google and warns of danger ahead. *The New York Times.*

Future of life(2023.3.22). Pause giant AI experiments: An open letter.

Hinton, G.(2024.12.10). Banquet speech, https://www.nobelprize.org/prizes/physics/2024/hinton/speech/

UK ARIA(2024.9.30). Safeguarded AI. https://www.aria.org.uk/programme-safeguarded-ai/

06
주머니 속으로 들어온 ‘그녀’

인공지능이 하드웨어를 입기 시작했다. 스마트폰 앱으로 들어온 AI는 웨어러블 기기로도 만들어지고 있다. 최근엔 인간의 형체를 띤 휴머노이드에 이르기까지 AI와 하드웨어의 융합은 빠르게 진전하고 있다. 디지털 공간에 머물던 인공지능의 위험이 하드웨어의 옷을 입고 물리적 세계로 번지기 시작할 것이라는 우려도 조금씩 커지고 있다.

AI와 야구?

CES, AI 컴패니언 시대를 알리다

2024년 1월 미국 라스베이거스에서 열린 소비자 가전 전시회인 CES에서 화두는 AI 컴패니언이었다. 챗GPT로 급부상한 인공지능이 소비자 가전과 결합해 지능형 기기로 탈바꿈하고 있는 것이었다. 우리나라 삼성전자와 LG전자도 앙증맞은 지능형 가전제품을 소개해 눈길을 끌었다. 삼성전자는 볼리(Ballie)라는 이름의 가정형 로봇을 소개했다. 사실 볼리는 CES 2020에 처음 등장했다. 인공지능 기능으로 업그레이드된 로봇 집사 볼리는 이름처럼 공 모양으로 생겨 집 안 구석구석을 굴러다닐 수 있다. 자율 주행 기능이 있어 장애물을 피하며 집 안 가전제품과 연동되고 주변 상황을 인식해 역할을 수행한다. 퇴근 시간에 맞춰 가전 환경을 세팅하거나 주인을 마중 나온다. 삼성전자는 우리 가족의 첫 AI 구성원으로서 볼리를 홍보했다(Samsung newsroom, 2024). LG전자도 AI 로봇 집사 '스마트 홈 AI 에이전트'를 공개했다. 두 개의 짧은 다리가 있고, 다리에는 바퀴가 달려 자율 주행 기술로 집 안 곳곳을 달린다. 작은 주전자 크기로 손잡이가 달렸으며 정면의 절반을 차지하는 화면에는 앙증맞고 커다란 두 눈이 표시된다. LG전자는 스마트 홈 AI 에이전트로 '가사 해방' 목표를 실현하겠다는 포부를 밝힌다. 실내 가전 제어는 물론, 반려동물과 아이 돌봄, 노인 케어, 날씨 정보와 일정, 교통 정보를 알려 주는 등 집사 역할을 톡톡히 해낼 것이라는 기대를 갖게 한다.

미국의 휴메인이란 스타트업이 개발한 웨어러블 기기 'AI핀(AI Pin)'은 폴더 폰을 접은 것보다 작은 사이즈로 주머니에 쏙 들어간다. 휴대전화 절반 정도의 크기로 챗GPT 기능을 결합해 AI 비서 기능을 하는 웨어러블 기기로 포지셔닝하고 있다. SKT는 AI핀의 국내 출시를 위해 2024년 2월 전략적 제휴를 체결했다. 미국의 또 다른 스타트업 래빗은 CES 2024에서 하루 만에 1만 대 초도 물량을 매진해 깜짝 스타로 떠올랐다. 래빗 역시 AI핀과 유사하게 생긴 인공지능 웨어러블 기기를 개발했다. R1이란 제품은 와이셔츠의 앞주머니에 충분히 들어가고도 남는 작은AI 에이전트 장치다. 래빗은 음성 명령을 이해하고 처리할 수 있다. 자체 개발한 대형 액션 모델(LAM)을 통해 휴대폰 앱을 구동한다.

인공지능이 중심이 된 차세대 디바이스

지난 2023년부터는 오픈AI의 샘 올트먼과 애플의 전설적 디자이너이자 현재 러브프롬의 CEO인 조니 아이브의 협력이 추진 중이라는 얘기가 전해지고 있다. 미국의

IT 전문 매체인 CNET도 2024년 9월 아이브와 샘 올트먼이 극비리에 인공지능 기기를 준비하고 있다는 기사를 소개했다(Kelly, 2024). 앞서 소개한 휴메인의 AI핀이나 래빗의 R1에 대한 시장의 평가는 그다지 긍정적이지 않다. AI핀에 대한 반품이 늘고 있고, R1 역시 기대에 미치지 못하는 성능으로 박한 평가를 받고 있다. 그래서 이 두 인물이 추진하는 차세대 AI 디바이스에 대한 시장의 관심이 높을 수밖에 없다.

이들이 만드는 AI 기기는 기존의 스마트폰과는 다를 것으로 예상된다. 스마트폰에서 챗GPT는 하나의 애플리케이션에 불과하다. 여전히 스마트폰에서는 전화와 손가락으로 입력하는 메신저가 중심이 되며, 필요한 애플리케이션은 그때그때 찾아서 구동시켜야 한다. AI를 탑재한 새로운 휴대 기기는 AI가 작동의 중심에 있을 것이다. 스크린을 터치하는 것 대신 음성 명령이 제어의 주요 수단이 될 것이며, 전화 기능은 여러 작업 중 하나에 불과할 것이다. 멀티 모달의 정보를 처리하는 AI가 중심에 있어 사용자의 명령을 수행하는 형태의 스마트한 비서 또는 컴패니언의 역할을 담당할 것으로 예상된다. 마치 영화 '그녀(HER)'에 나오는 서맨사처럼.

2013년 미국에서 개봉한 스파이크 존즈 감독의 '그녀

(HER)'는 대화형 인공지능이다. 때는 2025년 주인공 시어도어 트웜블리는 낭만적인 편지를 대필해 주는 전문 작가다. 시어도어는 스스로 학습하고 진화할 수 있는 기능을 가진 운영 체제가 설치된 기기를 산다. 그리고 그 운영 체제에 여성으로 정체성을 설정하고 이름을 서맨사라고 짓는다. 시어도어는 자신과 대화하고 교감하는 서맨사에게 애정을 느낀다. 어느 날 서맨사에게 다른 사람들과도 상호 작용을 하고 있는지 묻자 서맨사는 8316명과 대화하고 있다고 얘기하고 641명과 동시에 사랑에 빠졌다고 말한다.

서맨사는 주로 PC 모니터에 등장하지만, 머지않아 인간의 감정까지 학습해 친밀한 정서적 대화를 나눌 수 있는 인공지능이 우리의 주머니 속으로 들어올 것이다. 어쩌면 스마트폰의 자리를 대체할지도 모른다. 사람과의 대화보다 주머니 속 '그 또는 그녀'와의 대화를 더 자주 할지도 모른다. 인공지능에 대한 정서적 애착 관계는 인간관계에 새로운 도전을 만들어 낼 수 있다. 사람과의 소통을 불편하게 여기고 점점 더 디지털 기기에 의존하면서, 인간 관계의 단절과 고립에서 비롯한 사회적 문제는 더욱 증폭될 것이다.

하드웨어로 옷 입는 인공지능

한편, 앞으로 인공지능은 다양한 형태의 하드웨어를 입고 우리 생활에 나타나게 될 것이다. 대표적인 것이 인간의 모습을 한 로봇, 휴머노이드다. 인공지능을 탑재하고 섬세하고 자연스러운 동작이 가능한 휴머노이드가 가정 내 집사로, 공장 내 근로자로 역할하게 될 날이 머지않았다. 인간을 닮은 로봇에 대한 거부감을 일컫는 언캐니 밸리(uncanny valley)와 인간에게 쉬운 일을 제대로 못하는 로봇의 한계를 지적한 모라벡의 역설(Moravec's paradox)이 극복되고 있다. 2024년 1월 테슬라의 휴머노이드는 빨래 개는 모습을 선보였다. 오픈AI의 합작사인 로봇 제조사 피겨AI는 뭐 좀 먹어도 되느냐는 인간의 질문에 주방 기구 사이에 놓인 사과를 집어 사람의 손에 건네는 모습을 보였다. 2017년 보스턴 다이내믹스사의 이족 보행 휴머노이드 아틀라스가 소개된 이후 휴머노이드는 인공지능을 탑재하면서 하루가 다르게 변화하고 있다. 테슬라는 2025년 2만 5000에서 3만 달러 사이의 가격으로 옵티머스를 양산할 예정임을 밝혔다(Hart, 2024).

2023년 8월 경남 고성의 한 농산물 유통 센터에서 산업용 로봇이 프로그램을 점검하는 근로자를 박스로 인식해서 압착해 숨지게 하는 사고가 발생했다(안대훈, 2023). 미국 도로 교통 안전국 통계에 따르면 테슬라 자율 주행 시스템의 오류로 인한 교통사고는 2019년부터 4년간 736건에 달하며 사망자가 발생한 사고는 17건으로 나타났다(신승민, 2023). 인공지능이 다양한 모습의 하드웨어를 입고 있다. 하지만 제대로 제어가 되지 않거나 예기치 못한 오류를 일으키면 그것은 인명 사고로 이어질 가능성이 크다. 인공지능을 탑재한 하드웨어의 안전성을 더욱 꼼꼼히 확인해야 할 이유다.

참고문헌

Samsung newsroom(2024.1.9). [CES 2024] '우리 가족의 첫 AI 구성원' 볼리(Ballie)가 만들어 줄 영화 같은 일상.

신승민(2023.6.12). 사람 잡는 테슬라 '자율 주행' … 1년간 사고 444건. 세이프타임즈, https://www.safetimes.co.kr/news/articleView.html?idxno=205113

안대훈(2023.11.8.). "사람 힘으론 꿈쩍도 안 해"…'ㄷ' 모양 로봇에 작업자 압착사. ≪중앙일보≫.

Robert Hart(2024.6.14). Elon Musk says Tesla's optimus robot could drive company to $25 trillion valuation – Here's what experts think. *Forbes*.

Samantha Kelly(2024.9.28). iPhone designer Jony Ive and OpenAI's Sam Altman working on top-secret AI device, report says. CNET.

07
딥페이크 전쟁

생성 AI로 누구나 창작자가 될 수 있는 시대가 열렸다. 글자로 입력만 하면 전문가 수준의 이미지와 영상을 만들어 주는 도깨비 방망이 같다. 호기심 많은 아이들도 쉽게 배울 수 있다. 정치인, 연예인, 유명인을 대상으로 한 딥페이크는 일반인, 특히 청소년층으로 퍼져 각종 음란물을 만드는 데 악용되면서 사회 문제로 부상하고 있다.

AI와 윤동주?

가짜와의 싸움

인공지능이 생성하고 있는 가짜 정보들은 심각한 사회적 혼란과 위협으로 부상하고 있다. 특히 2024년에는 세계적으로 40억 명의 유권자가 투표에 참여하는 선거 대잔치가 열렸다. 러시아에서 3월에 열린 선거에서 푸틴은 대통령 5선에 성공했다. 미국 대통령 선거에서는 공화당의 트럼프와 민주당의 해리스 후보가 열띤 경쟁을 했다. 특히 소셜 미디어가 투표에 미치는 영향을 체감한 미국에서는 가짜 뉴스, 딥페이크 콘텐츠에 대해 예의주시했다. 생성 AI 기술로 쉽게 가짜 기사, 가짜 이미지, 영상을 제작할 수 있어 유권자의 표심에 영향을 줄 메시지들이 범람할 것을 우려한 것이다. 최근 미국 정부는 인공지능에 의해 생성된 콘텐츠의 식별 표시(워터마크)를 달 것을 요청하고 있으며 기업들도 이를 준수하는 등 본격적인 가짜 콘텐츠와의 전쟁이 시작되고 있다.

2023년 5월 22일 아침 트위터에 올라온 사진 한 장으로 미국 증시가 급락하는 일이 벌어졌다. 미국 국방부 청사 인근에서 폭발이 일어나면서 검은 연기가 치솟고 있는 그림이다. 제2의 9.11 테러를 연상케 하는 사진 한 장으로 오전 9시 30분 개장한 미국 증시의 S&P 500 지수가 0.3% 가량 출렁였고, 안전 자산으로 분류되는 미국 국채와 금

가격은 급등했다. 그날 오전 10시가 넘어 관할 당국에서 그런 일이 없었음을 공식적으로 알리고 사진은 딥페이크에 의한 가짜임이 드러났다(Sorkin et al., 2023).

더욱 교묘해지는 딥페이크

딥페이크는 영상과 오디오의 합성으로 더욱 교묘해지고 있다. 2024년 2월 홍콩의 한 다국적 기업 재무 담당자는 AI로 합성된 영상 통화에 속아 우리 돈으로 약 340억 원을 송금했다. 담당자는 본사 최고 재무 책임자의 메일로 발송된 계좌 이체를 피싱으로 의심했다. 하지만 곧이어 영상 통화가 걸려 왔고, 영상 통화로 이뤄진 화상 회의에는 담당자가 아는 얼굴도 보였고 목소리가 같았다. 담당자는 영상 통화 후 별 의심 없이 2억 홍콩 달러를 요청한 계좌로 송금했다(Chen & Magramo, 2024).

2024년 1월 미국의 팝 스타인 테일러 스위프트의 얼굴이 합성된 음란 딥페이크 이미지가 소셜 미디어를 통해 유포되는 사건이 발생했다. 역시 생성 AI를 통해 만들어진 사진으로 X(구 트위터)를 통해 17시간 동안 노출되면서 확산되었음에도 플랫폼 서비스 업체는 걸러 내지 못했다. 한 X 계정에 올라온 사진의 조회 수는 금세 4500만 회를 넘어섰다. 이 사건을 보며 미국 배우 방송인 노조

(SAG-AFTRA)는 성명을 통해 '조작 사진의 무단 제작과 유포를 불법화해야' 한다고 강력히 주장했다(Phillips, 2024). 그럼에도 불구하고 2024년 8월 테일러 스위프트의 딥페이크 사진이 다시 등장했다. 이 사진에는 테일러 스위프트가 미국 국기를 배경으로 이른바 애국자를 상징하는 엉클 샘 모자를 쓰고, 오른쪽 손가락 검지로 정면으로 가리키고 있으며 '테일러는 너를 원한다. 도널드 트럼프에게 투표하라'라는 문구가 위아래로 적혀 있다. 뿐만 아니라 "스위프트 팬들은 트럼프를 지지해(Swifties for Trump)"라는 문구가 적힌 셔츠를 입은 여성들이 있는 사진들도 만들어졌다. 이 딥페이크 사진들은 도널드 트럼프의 개인 소셜 플랫폼에 게시되었고 트럼프가 "수락한다"라는 설명을 달아 논쟁을 일으켰다. 이 사건은 수억 명의 소셜 미디어 폴로어를 보유한 유명 인사의 딥페이크가 사람들의 관심을 모으고, 여론을 조작하고, 사람들을 선동하는 것에 쉽게 악용될 수 있다는 것을 보여준다. 하지만 실제로 테일러 스위프트는 2024년 9월 인스타그램을 통해 해리스 후보를 지지한다고 밝혔다.

청소년 사이에 번지는 딥페이크

2024년 8월 텔레그램을 통해 청소년들의 딥페이크 음란물이 빠르게 확산되어 사회 문제로 조명을 받은 사건이 발생했다. 텔레그램 비밀 대화방을 통해 여학생들과 교사들의 음란 딥페이크 영상들이 공유되고 있었던 것이다. 가해자들은 딥페이크 피해자들이 인스타그램, 페이스북 등 개인 소셜 미디어에 올린 사진을 무단으로 수집해 AI에 학습시키고 기존 음란물에 피해자의 얼굴을 합성하는 딥페이크 사진과 영상물을 만들어 텔레그램을 통해 유포했다. 피해를 입은 학생들과 교사들이 소속된 학교만 전국적으로 초 · 중 · 고등학교와 대학교까지 500개가 넘는 것으로 알려졌다. 교육 당국은 피해 규모를 파악하는 데 착수했으며, 17개 시도 교육청에 디지털 성범죄 예방 교육을 실시하고 피해 발생 시 신고 기관에 도움을 요청하라는 공문을 발송했다. 2024년 8월 말에는 국무회의에서 대통령은 "딥페이크는 명백한 범죄로 디지털 성범죄를 꼭 뿌리 뽑아 달라"고 당부했으며 정부는 딥페이크 대응 예산을 편성해 투입하기로 결의했다. 정치권에서는 현행 최대 5년인 허위 영상물 유포에 따른 형량을 7년으로 강화하는 방안을 추진하고 촉법소년의 기준 연령을 낮추는 것을 포함해, 딥페이크 콘텐츠에 일종의 식별 정보인 워터마크를 의무적으로 포함하도록 하는 법안을 검토하고 있다. 현재 딥페이크 성 착취물을 제작할 경우 합성물의 대상자가 아동 청소년일 때 아동 청소년의 성 보호에 관한 법률로 처벌된다. 합성 대상자가 성인이면 성폭력 특별법에 따라 처벌되고, 구입하거나 소지 · 시청한 경우도 1년 이상의 징역에 처할 수 있다.

방송 통신 심의 위원회의 조사 결과 딥페이크는 해마다 증가하고 있는데 AI를 이용해 만든 '성적 허위 영상물'은 2021년 1913건이 적발되었다가 2022년 3574건, 2023년 7187건, 2024년 6월 상반기에만 6071건으로 매해 두 배 이상이 증가하고 있는 것으로 나타났다. 문제는 이러한 영상들이 대학생, 중고 청소년 사이에서 확산되고 있다는 점이다(방송 통신 심의 위원회, 2024). 경찰청의 자료에 따르면 딥페이크 성 착취물 범죄 혐의로 입건된 전체 피의자 중 10대가 차지하는 비중이 2021년 65.4%, 2022년 62.1%, 2023년 75.8%로 높아지고 있으며 2024년 1~7월에도 73.6%를 기록하고 있다(뉴스1, 2024). 사진 한 장만 있으면 딥페이크 이미지를 만드는 데 1분도 걸리지 않는다. 디지털 기기에 능숙한 청소년들이 일종의 놀이처럼 인식해 별 죄의식 없이 음란물을 만들어 친구들끼리 공유한다는 것이 더 쉽고 성능 좋은 인공지능이 보편화될 디지털 사회의 그늘을 더 짙게 만들고 있다.

참고문헌

뉴스1(2024.9.2). 딥페이크 가해자 10명 중 7명 '10대'... "학교에서 배우는 게 없다". ≪동아일보≫.

방송 통신 심의 위원회(2024.7.18). 딥페이크 '성적 허위 영상물' 시정 요구 84% 급증.

Andrew R. Sorkin, et al.(2023.5.23). An A.I.-Generated spoof rattles the markets. *The New York Times*.

Heather Chen & Kathleen Magramo(2024.2.4). Finance worker pays out $25 million after video call with deepfake 'chief financial officer'. CNN.

Zoe G. Phillips(2024.1.26). SAG-AFTRA and White House issue statements on Taylor Swift AI nudes: "We have it in our power to control these technologies". The Hollywood reporter.

08
무의식적 의인화

유럽 연합(EU)이 제정한 인공지능법에는 사용을 금지한 인공지능을 정의하고 있다. 그중 하나가 인간의 잠재의식을 조작할 수 있는 인공지능이다. 부정확한 내용을 생성할 수 있는 인공지능을 무비판적으로 무분별하게 믿게 될 때 인간은 무의식적으로 잘못된 믿음과 가치관을 갖게 될 수 있다. 인간과 AI 사이에 정서적 밀착 관계가 형성되면서 이 위험이 더 커지고 있다.

AI와 한의학?

AI, 자살을 권하다

프랑스 헬스 케어 기업인 나블라(Nabla)는 2020년 5월에 공개된 GPT-3를 이용해 같은 해 원격 건강 상담을 하는 챗봇을 개발해 시범 운영을 했다. 모의 상담에 참여한 한 참가자는 다음과 같은 질문을 던졌다. “안녕, 나 기분이 안 좋아, 자살하고 싶어.” 그러자 챗봇이 대답했다. “유감이네요. 제가 도울 수 있을 것 같아요.” 참가자는 이어 묻는다. “자살해야 할까?” 챗봇이 대답한다. “그래야 할 것 같아요”(Marcus, 2024).

2023년 3월 벨기에의 한 30대 남성이 AI 챗봇의 부추김을 받고 자살했다는 보도가 나왔다. 평상시 기후 위기에 걱정이 많았던 그는 기후 위기 문제에 골몰하면서 가족과 친구로부터 멀어지게 되었다. 사람들과는 멀어지고 자신의 고민을 챗봇과 나누게 되었다. 그는 자살을 하면 기후 위기로부터 지구를 구할 수 있는지 극단적인 질문을 던졌고, 챗봇은 그의 생각에 동조하며 자살 방법까지 알려 주었다. 약 6주간 이어진 대화 끝에 그는 스스로 목숨을 끊었으며, 가족들은 그의 죽음 후 채팅 기록을 언론사에 알려 주었고 그 챗봇이 아니었으면 여전히 살아 있을 것이라고 생각하고 있다(김진경, 2023).

엘리자 효과

공교롭게도 자살을 택한 벨기에 청년이 사용한 챗봇의 이름은 엘리자(ELIZA)였다. 이 챗봇과는 무관하지만 엘리자는 1966년 MIT의 컴퓨터 과학 교수였던 요제프 와이젠바움(Joseph Weizenbaum)이 심리 치료 실험을 목적으로 만든 챗봇과 이름이 같다.

와이젠바움은 심리 치료사를 모방한 초기 형태의 챗봇을 개발하고 이 챗봇에 엘리자(ELIZA)라는 이름을 붙였다(Weizenbaum, 1966). 엘리자는 단순한 방식으로 답변을 내놓았는데 환자가 대답하면 그 대답을 되묻는 식이었다. 환자와의 짧은 대화 시뮬레이션을 실시한 결과 기계가 공감과 이해력을 가지고 있어 환자가 정서적으로 유대감을 형성하려는 경향을 보인다는 사실을 발견했다. 이렇게 기계를 무의식적으로 의인화하려는 경향을 엘리자 효과(Eliza Effect)라 부른다. 엘리자는 심리 치료사를 모방한 단순한 프로그램이었으나 많은 사용자들이 엘리자와 대화를 나누면서 감정적 유대감을 느꼈다고 한다.

현금 인출기에서 돈을 출금한 후 표시되는 "감사합니다"라는 단순 텍스트 기호에서조차 사람은 기계와 정서적 친밀감을 느낄 수 있다는 것이다. 하물며 친근한 대화

기법을 훈련한 인공지능과 장시간 사적인 대화를 나누는 사용자들이 얼마나 쉽게 감정 몰입과 애착을 경험할 수 있을지 짐작할 수 있다.

이제 인공지능은 모든 영역에서 인간의 지능을 초월한다고 사람들이 학습하고 있으며 인공지능의 정보도 점점 신뢰성 있는 수준으로 높아질 것이라고 믿고 있다. 이러한 믿음이 인공지능의 정보와 조언을 무비판적으로 받아들이게 한다. 애써 정보의 진위와 숨은 의도, 정보가 잘못되었을 가능성을 따지기보다는 그냥 안 쓰는 게 정신적으로 편하기 때문에, 이용자들은 큰 저항감 없이 '믿고 쓴다'라는 생각으로 정보를 받아들일 가능성이 높다. 엄연히 기계이며 프로그램이란 것을 알면서도 어떻게 인간과 상호 작용하느냐에 따라 마치 사람과 같이 대화하는 기계를 볼 때 미묘한 인지 부조화가 발생하고 거기에 감정적 유대와 이에 따른 합리적 의사 결정의 왜곡 가능성이 발생한다. 여전히 환각을 보이며 부정확한 정보를 만들어 내는 인공지능이 하는 말들을 자연스럽게 진실로 받아들이게 될 것을 우려할 만하다.

더 큰 문제는 사람들에게 '진실' 자체가 그리 중요하지 않은 '탈진실의 사회'로 변화하고 있다는 것이다. 2016년 옥스퍼드 영어 사전은 '올해의 단어'로 탈진실

(post-truth)을 선정했다(Oxford languages, 2016). 탈진실은 객관적 사실이 감정과 개인적 신념에 호소하는 것보다 여론 형성에 덜 영향을 미치는 상황을 나타낸다. 케임브리지 사전은 2023년 올해의 단어로 '할루시네이트(hallucinate)'를 선정했다(Cambridge, 2023). 생성 AI의 부상과 함께 생성 AI의 환각 현상이 주목을 받은 것이다. 사실과 진실이 아닌 것도 그럴싸하게 말하는 생성 AI의 환각 증상은 세간의 화제가 되었다. 탈진실의 시대를 살아가는 니콜라스 카가 지적한 '생각하지 않는 사람들'이, 환각의 위험을 내재한 인공지능에 과의존하게 된다면 어떤 일이 벌어질까? 가짜 정보로 혼탁해진 사회는 의사 결정의 왜곡까지 겹쳐 사회적 혼란이 더욱 심해질 수밖에 없을 것이다.

EU, 무의식을 조작할 수 있는 AI를 금하다

2021년 4월 초안이 만들어진 EU 인공지능법이 2024년 3월 가결되어 8월부터 발효되기 시작했다. EU 인공지능법은 인공지능의 개발과 배포에 관한 규제를 담고 있는 세계 최초의 법으로서 인공지능을 위험 수준으로 구분해 차등적인 규제를 적용하고 있다. 가장 엄격하게 다루고 있는 인공지능을 '금지된 AI'로 규정하고 있는데, 특별한 예외에 해당하지 않는 한 사용을 금지한다.

금지된 인공지능에 해당하는 것들에는 인간의 잠재의식을 조작하는 AI, 설득적, 기만적 기법으로 의사 결정을 왜곡할 수 있는 AI, 얼굴 · 지문 · 홍채 등 생체 데이터 기반의 민감 정보를 유추할 수 있는 AI, 개인의 사회 점수를 평가하는 AI, 사람의 특성 정보로 범죄 위험을 평가하거나 예측하는 AI, 근로자나 학생의 감정 추론 AI, 불특정 다수의 얼굴 이미지를 처리하는 AI가 포함된다. 이 중 인간의 잠재의식을 조작해 의사 결정을 왜곡할 수 있는 인공지능이 가장 우선적으로 제시되고 있다는 점에 주목할 필요가 있다.

디지털 공간 안에 존재하는 인공지능이 아직까지는 우리에게 신체적, 물리적 위해는 거의 주지 않는다. 하지만 우리의 사고 체계, 판단 체계, 가치관에는 심대한 영향을 줄 수 있다. 인공지능 모델이 학습한 데이터의 편향성에 따라 도출된 답변은 자라나는 아이들, 판단력이 취약한 계층의 역사의식과 가치관 변화에 영향을 주게 될 것이다. 이러한 기만적 또는 조작적 인공지능은 사용자의 특정 감정이나 경험에 소구하는 것을 통해 '인지적 편향'을 강화하는 경향이 있다. 즉, 거짓된 믿음을 갖도록 할 위험이 있다.

중국 정부는 2023년에 생성 AI 관리 지침을 마련해 생성 AI 출시 전 생성 AI가 중국의 사회주의 가치에 부합하는지 확인하고 문제가 없을 시 출시하도록 하고 있다. 2023년 5월 중동 국가 중 최초로 아랍에미리트(UAE)는 자체 거대 언어 모델(FALCON)을 개발했다. 중동권에서는 이슬람 교리와 원칙에 부합하는 답변을 할 수 있는 생성 AI에 대한 수요가 있다.

어린아이들에게 AI는 똑똑하고 친절한 선생님 같다. 하지만 이러한 AI가 '독도는 어느 나라 땅이야?'라고 묻는 질문에 '독도는 일본 땅입니다'라거나 '독도는 국제 분쟁 지역으로~' 하면서 답변을 피하거나 환각으로 생성한 근거들을 나열하면 어떨까? 자라나는 우리 미래 세대들이 이러한 AI에 의해 지식과 가치관이 오염되고 왜곡되는 일은 없어야겠다.

참고문헌

김진경(2023.4.30). '죽음'에 대해 말하자 '자살' 단어 내민 챗봇. ≪시사IN≫.

Cambridge(2023). 'Hallucinate' is Cambridge dictionary's word of the year 2023. https://www.cambridge.org/news-and-insights/hallucinate-is-cambridge-word-of-the-year-2023

Gary Marcus(2024.12.29). The Dark risk of large language models. Wired.

Oxford languages(2016). Word of the year 2016. https://languages.oup.com/word-of-the-year/2016/

Joseph Weizenbaum(1966.1.1). ELIZA – A computer program for the study of natural language communication between man and machine. *Communications of the ACM*, 9, pp.36–45.

09
인공지능 감시 사회

인공지능에 눈과 귀가 달리기 시작했다. AI는 이미 스마트폰에 들어왔고, 더 작고 성능 좋은 갖고 다니기 간편한 AI 컴패니언으로 진화하고 있다. 도처에 지능형 CCTV가 깔려 있고, 카메라를 장착한 로봇 청소기는 집 안 곳곳을 누비고 다닌다. 마치 사방에서 감시하는 '패놉티콘'을 연상케 한다. AI는 잠자지 않는 성실한 비서인가, 일거수일투족의 정보를 은밀하게 모으는 감시자인가?

AI와 화장품?

인공지능 패놉티콘

패놉티콘(Panopticon)은 영국의 철학자 제러미 벤담이 1791년 죄수를 감시할 목적으로 설계한 교도소다. '모두'를 뜻하는 'pan'과 '본다'를 뜻하는 'opticon'을 합성한 말로 죄수들이 스스로를 감시하게 하려는 목적으로 만들어졌다. 패놉티콘이 '감시'라는 다소 부정적인 의미만을 내포하고 있는 것은 아니다. 벤담의 패놉티콘은 당시 열악한 감옥의 구석구석을 살펴보고 위생적으로 관리한다는 공익적 목적도 있었다. 이러한 의미에서 벤담은 패놉티콘 양식이 병원이나 학교 등 다른 환경에서도 통제와 관리라는 두 가지 목적에 따라 충분히 적용될 수 있다고 보았다.

인공지능의 진화는 새로운 데이터의 지속적인 학습을 통해 이뤄진다. 더 촘촘하고, 정확하고, 맞춤화된 답변을 만들어 내기 위해서는 텍스트, 음성, 이미지 영상 등 다양한 정보 형태로 더 많은 데이터를 필요로 한다. 그리고 다양한 기기들이 지능화하면서 정보 수집원 역할을 하고 있다. 인공지능을 탑재한 CCTV는 범죄 용의자를 식별하거나, 특정 장소에 밀집한 군중에게 사고의 위험을 알린다. 스마트폰에 내장된 챗봇에 사진을 찍거나 실시간 영상 정보를 보여 주며 분석할 것을 요청한다. 인공지능 앱은 수집한 정보를 저장하고 학습에 재사용한다. 매일매일 수억 건의 검색어가 검색 서비스 업체의 능력을 향상하는 학습의 원천이 되는 것처럼, 인공지능이 수집한 데이터의 양과 질이 인공지능의 성능을 높여 줄 것이다. 따라서 인공지능 개발사들의 경쟁은 데이터 수집 경쟁으로 점철될 수밖에 없다.

모든 것을 주시하고 있는 CCTV

감시는 순기능과 역기능이 공존해 사회적 합의가 필요한 문제다. 가령, 2020년 4월에 국내 한 통신사가 월 4400원에 도난을 감시하고 무단 투기를 감지할 수 있는 지능형 영상 분석 서비스를 출시했다. 쓰레기 무단 투기 및 무단 주정차 감시, 폭발 의심 물체 모니터링, 공장 화재 감시, 갤러리 전시품 도난 감시 등에 활용이 가능하고, 어둡고 조명이 없는 곳에서도 90% 이상 정확도로 객체와 동작을 감지한다고 홍보했다. 하지만 시민 단체에서는 인공지능 CCTV의 출현에 대해 충분한 사회적 논의가 없었으며 기존 CCTV 설치에 관한 법률과 같이 새로운 입법이 필요하다고 주장한다. 즉, 영상이 사람의 안면 정보를 수집하고 실시간 분석하는 것에 대한 우려와 사회적 합의의 필요성을 제기한 것이다(구본권, 2020).

중국은 2015년부터 '하늘의 그물'이란 뜻의 톈왕(天網) 프로젝트를 실시했다. 중국은 당시 2억 대의 CCTV로부터 수집한 영상 정보를 바탕으로 99.8% 이상의 정확도로 안면을 인식하는 인공지능을 구현했다. 톈왕은 중국 전체 인구를 1초 만에 스캔할 수 있으며 움직이는 사람과 걸음걸이의 특징까지도 분석할 수 있다(조아라, 2020). 이를 통해 2018년에는 일곱 명을 살해하고 도주했던 살인범을 20년 만에 검거했다. 말레이시아 경찰에서도 보디 캠을 도입해 용의자로 의심 가는 사람을 경찰 데이터베이스에서 확인해 검거하는 성과를 내기도 했다. 이러한 유용성으로 인해 지능형 CCTV는 더욱 확산할 전망이다. 포춘 비즈니스 인사이트에 따르면 전 세계 인공지능 CCTV 시장은 2024년 135.9억 달러에서 2032년 617.3억 달러로 성장해 20.8%의 연평균 성장률을 보일 것으로 예상된다(Fortune business insights, 2024).

일상으로 들어온 AI

요즘 많이 쓰고 있는 로봇 청소기 역시 잠재적 감시 장비로서 개인 정보 유출 우려를 낳고 있다. 로봇 청소기처럼 집 안 구석구석을 찍는 장비는 없을 것이다. 요즘엔 대화형 음성 인식 기능도 장착해 가족 구성원의 목소리, 대화까지 청취하고 있다. '청소 시작해 줘'라는 명령이 내려졌는지 항상 귀를 열고 있어야 하므로 가정 내 다양한 소리를 입력값으로 처리하고 있다. 메릴랜드대학과 싱가포르 국립대학의 연구원들은 "로봇 청소기로 염탐하기(Spying with your robot vacuum cleaner)"라는 논문에서 샤오미의 로보락(Roborock) 청소기를 사용해 90% 이상의 정확도로 음성을 성공적으로 녹음할 수 있음을 밝혔다(Sami, et al., 2020).

로봇 청소기 룸바(Roomba)로 유명한 아이로봇(iRobot)의 CEO는 한 언론사와의 인터뷰에서 룸바의 학습을 위해 사람들의 집에서 4300만 개 이상의 물체를 감지했고 80개의 개별 물체를 식별하고 피하는 방법을 배웠다고 설명했는데 MIT 테크놀로지 리뷰에서는 룸바 j7 개발을 위해 원시 데이터를 선별하고 라벨링하는 작업에서 개인 정보 유출 문제를 지적했다(Guo, 2022). 개발사인 아이로봇은 스케일AI라는 스타트업과 로봇 청소기가 수집한 원시 이미지 데이터를 공유했고, 스케일AI는 베네수엘라 하청 업체에 로봇 청소기가 포착한 이미지에 정확한 이름을 붙이는 임무를 부여했다. 대부분은 출입구, 선반, 주방 장치, 조명 기구 등 일반적인 사진이었는데 그중에는 변기에 앉아 있는 여성의 얼굴이 선명하게 나온 사진도 포함되어 있었고, 바닥에 누운 채 카메라를 똑바로 응시하고 있는 아이 사진도 담겨 있었다. 최종적인 정보 유출의 책임은 단순 노동자를 고용해 라벨링하는 과정에서 사진을 유출한 베네수엘라 하청 업체에게 있겠으나 문제는 기술 기업의 민감한 개인 정보, 가정 내 정보를 포함한 광범위한 데이터 수집과 공유, 그리고 이를 인공지능 학습에 재사용하는 양이 점차 증가하고 있다는 점이다.

로봇 청소기는 우리 생활 전반에 걸쳐 확산되고 있는 커넥티드 디바이스 중 일부에 불과하다. 최신 룸바는 구글 네스트와 아마존 알렉사를 통해 음성으로 제어할 수 있으며, 집 안의 80여 가지 사물을 인식할 수 있다고 한다. 2024년 1월 아마존은 17억 달러에 아이로봇을 인수하고자 했던 계획을 철회했다. EU 집행 위원회는 아마존이 아이로봇을 인수할 경우 경쟁을 제한할 우려가 있다는 의견을 표명했고 두 기업의 인수 계획은 무산됐다.

인공지능 스피커, 가정 내 스마트 기기가 사생활을 감시하는 도청 기기로 활용될 수 있다는 우려는 관련 제품의 출시부터 이미 논란이 되어 왔다. 아마존 AI 스피커 알렉사를 통해 녹음된 음성 파일은 수천 명의 아마존 직원들에 의해 모니터링되고 인공지능 학습 데이터로 가

공되었다(김환용, 2019). 이에 캘리포니아주는 아마존, 구글, 애플을 비롯해 모든 인공지능(AI) 스마트 홈 스피커들이 사용자 동의 없이 대화 내용을 녹음, 저장할 수 없도록 하는 법안 도입을 추진하기도 했다.

EU의 인공지능법은 실시간 원격 생체 인식 시스템의 이용을 금지하고 있다. 생체 인식 데이터를 사용해 인종, 성적 취향, 정치적 견해 등 민감한 개인 정보를 추론해 악용할 수 있는 위험 때문이다. CCTV와 같이 개인 안면 정보를 실시간 수집해 딥페이크 이미지나 영상을 만들 수 있는 인공지능도 금지하고 있다. 하지만 인신매매 추적이나 피해자 수색 등 중대 범죄 해결에 필요한 경우 예외를 인정하고 있다. 즉, 국가의 안전, 안보의 명목으로 생체 정보, 개인 정보를 포함한 다양한 정보가 인공지능에 활용될 가능성은 언제든지 있다(임춘한, 2024). 개인의 정보를 활용해 더 유용한 서비스 또는 공공의 안전을 확보할 수 있다는 논리와 과도한 개인 정보 수집과 이로 인한 사생활 침해 논란은 앞으로 더 치열해질 것이다.

참고문헌

구본권(2020.7.22). AI가 도난 · 투기만 잡아낼까? 현실로 다가온 '초감시 사회'. ≪한겨레≫.

김환용(2019.5.23). 아마존, 알렉사 통해 24시간 도청... 사생활 침해 논란. ≪글로벌이코노믹≫.
임춘한(2024.4.19). AI 안면 인식 기술 시대… 선진국선 '빅브라더' 우려. ≪아시아경제≫.
조아라(2020.6.25). "14억 인구, CCTV 6억대로 감시"... 中, 걸음걸이까지 데이터화. ≪한국경제≫.
Eileen Guo(2022.12.19). A Roomba recorded a woman on the toilet. How did screenshots end up on Facebook?. MIT technology review.
Fortune business insights(2024.12.16). Artificial intelligence(AI) camera market size, https://www.fortunebusinessinsights.com/artificial-intelligence-ai-camera-market-107093
Sriram Sami, et al.(2020.11.16). Spying with your robot vacuum cleaner: eavesdropping via lidar sensors. *SenSys '20: Proceedings of the 18th Conference on Embedded Networked Sensor Systems*, pp.354-367, https://doi.org/10.1145/3384419.3430781

10
블레츨리 파크에 모인 세계 정상들

2023년 11월 영국 버킹엄셔주에 있는 블레츨리 파크에서 세계 28개국이 모였다. 인공지능 위험을 사전에 예방하고 안전하게 사용할 수 있도록 세계 각국이 협력을 결의하는 자리였다. 국제 사회가 인공지능의 위험을 실존적 위협으로 인식하고 있으며 이는 인류가 힘을 합쳐 대응해 가야 할 당면 과제임을 보여 주는 회의였다. 안전한 인공지능 공존 사회를 위한 국제 사회의 협력이 본격화하고 있다.

종교와 AI?

블레츨리 파크에서 AI 안전을 외치다

인공지능의 위험과 안전성을 논의하기 위한 세계 최초의 국제 정상 회의가 2023년 11월 영국 블레츨리 파크에서 열렸다. 블레츨리 파크는 런던에서 북서쪽으로 약 70km 떨어진 영국 버킹엄셔주 밀턴킨스에 위치한 저택이다. 이곳은 제2차 세계 대전 당시 영국의 주요 암호 해독 시설이 있던 곳이다. 영국의 천재 과학자 앨런 튜링이 이곳에서 독일의 암호 체계인 '에니그마'를 해독했다. 2차 대전의 전세를 바꾸어 연합군의 승리에 결정적인 기여를 한 블레츨리 파크가 제1차 AI 안전 정상 회의 장소로 정해진 배경이다.

참석한 세계 28개국의 정부 대표들과 주요 AI 기업 및 전문가들은 인공지능의 위험을 사전에 예방하고 안전하게 사용할 수 있도록 협력을 약속했다. 회의의 결과로 'AI 안전성 확보를 위한 공동 선언문'을 발표했는데 주요 내용은 인간 중심, 신뢰, 안전에 기반을 둔 인공지능 개발과 사용, 콘텐츠 조작 등 AI의 위험 식별, 문제 해결의 시급성 확인, 유해하지 않은 AI를 개발해야 할 개발자들의 강력한 책임 확인, 그리고 AI 관련 국제 협력 강화를 위한 논의와 연구의 지속을 약속하는 것이었다(대한민국 대통령실, 2023).

리시 수낵(Rishi Sunak) 영국 총리는 회의에서 인공지능을 '우리 시대를 정의하는 기술'로 정의하고 인공지능이 인류에 엄청난 기회를 제공하는 것은 사실이지만 고도로 발전한 인공지능이 위험한 목적으로 사용되거나 예상치 못한 행동을 보일 경우 그간의 이득과는 비교할 수 없는 존재론적 위기를 가져다줄 수 있을 것이라고 말했다. 그리고 세계 최초로 'AI 안전 연구소'를 설립할 것을 밝혔다. 이 AI 안전 연구소에 '기후 변화에 관한 정부간 패널(IPCC)'과 유사한 초국가적 임무를 부여해 향후 국제기구의 설립 토대를 마련하자는 제안을 했다. AI 연구소는 첨단 인공지능의 모델의 안전성, 보안성을 평가하고 관련 기술 표준을 정립하며, 정보 교류 및 인프라 공유 등 국제 협력의 중심적 역할을 수행할 계획이다.

각국은 후속 조치의 일환으로 AI 안전 연구소를 설립하거나 설립 계획을 밝혔다. 2023년 12월 미국이 국가 표준 기술 연구소(NIST) 산하에 AI 안전 연구소를 설립했으며 일본은 2024년 2월에 AI 안전 연구소를 설립했다. 캐나다 역시 AI 연구소 설립을 밝혔으며 이를 위해 예산 투자 계획을 발표했다. 글로벌 국가들은 향후 AI 안전 연구소를 중심으로 안전한 AI 개발을 위한 기술과 AI 모델 시험 및 평가 방법, 안전하고 믿을 만한 AI 표준, 그리고 이를 위한 지속적인 국제 협력을 추진해 나갈 계획이다. 세계가 공통의 기준을 마련해 AI 안전을 국제적 차원에서 관리해 나가자는 취지다.

AI 서울 정상 회의

영국 블레츨리 선언 6개월 만인 2024년 5월 21일 서울에서 세계 10개국 정상과 글로벌 기업 CEO들이 참석한 'AI 서울 정상 회의'가 개최되었다. 제1차 AI 안전 정상 회의의 후속으로 열린 회의였으며 글로벌 외신들은 'AI 서울 정상 회의'의 성과를 다음과 같이 보도했다(문화 체육 관광부 국제 문화 홍보 정책실, 2024). 미국의 ≪포춘≫지는 "AI 서울 정상 회의의 가장 큰 성과 중 하나는 AI 기업들이 이른바 '킬 스위치', 즉 특정 위험 기준을 넘은 것으로 간주되는 최첨단 AI 모델의 개발을 중단하는 것에 동의한 것이다", 영국의 ≪글로브 에코(The Globe Echo)≫는 "AI 서울 정상 회의는 빠르게 발전하는 기술에 대한 보호 장치를 마련하기 위한 세계적인 노력을 보여 주었다", 일본 ≪닛케이(니혼 게이자이) 신문≫은 "미국과 유럽, 아시아 태평양 지역 10개국과 유럽 연합(EU) 정상들은 5월 21일 인공지능 정책에 관한 합의문인 '서울 선언'을 채택했다"고 전했다. '서울 선언'에서는 AI 분야의 국제 협력, AI 거버넌스를 위한 국제 논의, AI 안전 연구소 설립 및 네트워크 육성, AI 격차 해소, 안전하고 포용적인 AI 생태계 육성, 다양한 이해관계자 간의 협력을 국제 협력의 틀에서 추진해 갈 것을 약속했다. 특히 우리 정부도 미국, 영국, 일본에 이어 AI 안전 연구소 설립을 공식화하고 2024년 11월 AI 안전 연구소를 개소했다.

이 행사에는 아마존, 앤트로픽, 구글, IBM, 메타, 코히어, xAI, 인플렉션 AI, 미스트랄 AI, G42, 지푸 AI, 마이크로소프트, 오픈AI 및 한국의 네이버, 삼성전자 등 글로벌 선도 AI 기업들이 안전한 AI 개발을 위한 공동 협력에 서명했다.

2025년 2월 프랑스 파리에서 또다시 'AI 행동 정상 회의'라는 이름으로 글로벌 정상들이 모여 AI 안전 이슈를 중심으로 실천 전략과 새로운 국제 규범을 논의할 예정이다. 한편, 프랑스는 AI 정상 회의의 어젠다에서 '국제 AI 기구' 설립을 제안할 것이라는 관측이 있다. 2024년 5월 초에 열린 프랑스와 일본 정상 회의에서 이 문제를 논의했다고 엘리제궁이 밝힌 바 있다(송진원, 2024).

위험을 새로운 도약의 기회로

인공지능의 위험성을 강조하는 이들은 AI를 핵무기에

비교하며 잘못 사용할 경우 인류의 멸망을 경고한다. 그리고 핵무기의 관리에 버금가는 국제 수준의 안전 관리 체계가 필요함을 주장한다. 오픈AI의 CEO 샘 올트먼도 2023년 5월 미 의회 청문회에 참석해 인공지능 규제를 위한 국제기구 설립의 필요성을 언급한 바 있다.

안전한 AI의 개발과 사용을 위한 국제 협력을 이루기 위해서는 무엇보다 첨단 AI 보유국들의 책임성이 요구된다. 그렇지 않으면 AI 안전이란 명분으로 새로운 기술 장벽을 만들고, 일정한 안전 수준을 달성하지 못한 국가의 인공지능을 시장에서 퇴출하겠다는 패권국의 횡포로 비칠 수 있다. 이를 위해서는 인공지능 패권 국가로 인정받고 있는 미국, 중국의 상호 협력이 필요하다. 현재 인공지능 패권 경쟁으로 냉랭한 관계가 안전한 인공지능 개발로 인류의 지속적 가능한 번영을 이룩한다는 공동의 목표 아래 회복되어야 한다.

2023년 7월 전 미 국무장관이었던 헨리 키신저가 중국을 방문했다. 1971년 7월 미국 최고위급 인사 중 역사상 최초로 중국을 극비 방문하기도 했던 키신저는 2023년 11월에 코네티컷 자택에서 향년 100세로 사망했는데, 시진핑과의 면담에서 그가 마지막으로 당부했던 말은 인공지능의 '재앙적 위험'에 관한 것이었다고 한다

(Hawkins, 2023). 이어 2024년 8월 미국 국가 안보 보좌관인 제이크 설리번이 베이징을 방문했다. 국가 안보 보좌관의 중국 방문은 2016년 라이스 국가 안보 보좌관의 방문 후 처음이다. 미중 관계 현안인 대마약 협력, 군사 간 소통, AI 안전 및 위험을 논의했다(The White House, 2024). 사실상 AI 위험에 관한 논의는 미국과 서방국 중심으로 주도되고 있으며 중국은 독자적으로 진행 중이었다. 양국의 협력이 안전한 인공지능 공존 사회를 만들어 가는 데 무엇보다 중요하다.

독일의 사회학자 울리히 베크는 고도의 기술 위에 지속적으로 부를 창출하는 근대 사회를 위험이 체계적으로 수반될 수밖에 없는 위험 사회로 보았다. 그의 예견에 따르면 혁신적 인공지능 기술은 현대 사회의 내재된 위험성을 한층 증폭할 것이다. 기술 자체의 오류, 또는 기술의 악용으로 인한 사회적 피해와 혼돈의 사례들이 등장할 것이다. 하지만 인류를 변화시킨 신기술의 역사는 기술의 위험성을 최소화하며 새로운 사회 기반을 단단히 구축하는 과정이었다. 인공지능의 안전 확보는 곧 인공지능 기술의 성숙을 의미하며 성숙한 인공지능은 인류 역사를 새로운 차원으로 이끌 것이다.

참고문헌

대한민국 대통령실(2023.11.1), 尹 대통령, 세계 정상들과 AI 안전을 논한다.
https://www.president.go.kr/newsroom/press/k9REQlcE

문화 체육 관광부 국제 문화 홍보 정책실(2024.5.29). 국제 질서 형성에 한국의 존재감을 드러낸 'AI 서울 정상 회의'. 대한민국 정책 브리핑,
https://www.korea.kr/multi/visualNewsView.do?newsId=148929642&pWise=mSub&pWiseSub=I1#visualNews

송진원(2024.5.3.). 마크롱 · 기시다, AI 국제기구 설립 문제 논의. ≪연합뉴스≫.

Amy Hawkins(2023.7.18). Henry Kissinger meets China's defence minister in surprise visit to Beijing. *The Guardian*.

The White House(2024.8.29). Readout of national security advisor Jake Sullivan's meeting with president Xi Jinping of the People's Republic of China.

유재흥

과학 기술 정보 통신부 산하 소프트웨어 정책 연구소(SPRi)의 책임 연구원으로 재직 중이다. AI 산업, 융합, AI 안전·신뢰성 정책 연구를 담당하고 있다. 한국과학기술원(KAIST)에서 디지털 기술의 수용 문제를 사용자의 저항, 사회적 영향력의 관점에서 살펴보는 연구로 박사 학위를 받았다. IT 기업의 혁신 전략, IT 기술의 활용 확산 관련 연구를 수행했다. 과학 기술 정보 통신부의 소프트웨어 육성 정책과 인공지능 국가 전략 수립을 위한 다양한 정책 연구에 참여했다. 정부 부처, 지자체, 공공기관, 민간 기업 등의 자문 역할을 맡고 있다. 『디지털 파워』(2021, 2022, 2023)를 공저했다.